La fabrication du Nouveau Testament

Benjamin Wisner Bacon

Writat

Cette édition parue en 2023

ISBN : 9789359257464

Publié par
Writat
email : info@writat.com

Contenu

PARTIE I

CANONISATION ET CRITIQUE

CHAPITRE I

INSPIRATION ET CANONISATION

Le Nouveau Testament présente le paradoxe d'une littérature née de la protestation contre la tyrannie d'un canon, mais qui s'est finalement canonisée grâce à une demande croissante d'autorité extérieure. Ce paradoxe est plein de signification. Il faut l'examiner de plus près.

L'œuvre de Jésus était un effort constant pour libérer la religion du système asphyxiant des scribes. Il était conscient d'une autorité divine directe. Les lumières brisées de l'inspiration précédente se perdent à l'aube de la présence de Dieu dans son âme.

Donc avec Paul. La clé de la pensée de Paul est sa révolte contre le légalisme. Cela faisait partie de sa servitude de persécuter la secte qui prétendait connaître une autre Voie que la « voie » [1] des scribes. Ces chrétiens signalaient leur foi par le rite du baptême et se glorifiaient du sens de la dotation de « l'Esprit ». Saül était profondément conscient du joug ; seulement il n'avait pas imaginé que sa propre délivrance pourrait venir de là. Mais le contact avec des victimes du type d'Étienne, des hommes « remplis de l'Esprit », conscients de la « puissance de Dieu » même, faute de laquelle son âme s'évanouissait, ne pouvait qu'avoir un certain effet. C'est venu soudainement, massivement. Le véritable problème, selon Saül, avant et après sa conversion, était celui de la Loi *contre* la Grâce. En recherchant une « justification » par la faveur de Jésus, ces chrétiens ouvraient une voie nouvelle et vivante vers l'acceptation de Dieu. Aussi traître et apostate que puisse paraître cette tentative alors que la voie de la Loi promettait encore le succès, pour les âmes s'enfonçant de plus en plus profondément comme celle de Saül dans la conscience désespérée de « la faiblesse de la chair », le pardon au nom de Jésus pourrait s'avérer être une bonne chose. lumière et vie de Dieu. La secte méprisée des « pécheurs » qu'il persécutait exprimait l'essence de sa foi dans la doctrine selon laquelle le don de l'Esprit de Jésus avait fait d'eux des fils et des héritiers de Dieu. Si Paul converti, à son tour, est élevé – « dynamisé », comme il le dit – même au-delà de ses frères chrétiens, par le sens de l'inspiration présente, ce n'est rien de plus que ce à quoi nous devrions nous attendre.

La conversion de Paul à la nouvelle foi – ou du moins sa satisfaction persistante – sera inexplicable à moins que nous n'appréciions la logique de sa reconnaissance d'une opposition inhérente aux exigences croissantes du légalisme. En vérité, Jésus avait mené une révolte contre la simple religion du livre. Ses principaux adversaires étaient les scribes, les dévots et les représentants d'une écriture sacrée, la Loi. La « Loi » et les « Prophètes », l'un prescrivant les conditions du Royaume transcendantal attendu, l'autre illustrant leur application et garantissant leur promesse, constituaient le canon de la synagogue. Le judaïsme était devenu une religion d'autorité écrite. Jésus oppose à cela une relation directe avec le Père vivant aux cieux, toujours révélée à l'esprit filial. Le Sermon sur la Montagne fait de l'accomplissement de la volonté de ce Père autre chose que la servitude à des préceptes écrits interprétés par l'autorité officielle et imposés sous peine. Il s'agit de s'autodiscipliner dans l'esprit de bonté désintéressée du Père, tel que révélé dans l'expérience quotidienne.

Même la récompense de cette autodiscipline, le Royaume, Jésus ne l'a pas conçu tout à fait comme les scribes. Pour eux, l'obéissance dans ce monde leur procurait une « part dans le monde à venir ». Pour lui, la récompense était plus une question d'être que d'obtenir. Le Royaume était un héritier apparent ; et donc présent aussi bien que futur. C'était « à l'intérieur » et « parmi » les hommes aussi bien qu'avant eux. Ils devraient chercher à « être des fils et des filles du Très-Haut », en tenant pour acquis que toutes les autres bonnes choses seraient « ajoutées ». Alors Jésus a fait revivre la religion. C'est devenu spirituel, intérieur, personnel, actuel.

Après le ministère de Jean-Baptiste auprès de ce que nous devrions appeler les masses « sans église », Jésus a pris leur cause. Il est devenu « l'ami » et le défenseur des « petits », des « publicains et des pécheurs », des « gens du pays » mélangés dans la Galilée peuplée et à moitié païenne. Les fardeaux imposés par les scribes au nom de « l'Écriture » étaient acceptés avec empressement par le pharisien typique, non affecté par les craintes pauliniennes d'« incapacité morale ». « Accomplir toute justice » était pour le pharisien non souillé par l'hellénisme une fierté et un plaisir. Pour les « brebis perdues d'Israël » à qui Jésus s'adressait, loin du temple et de la synagogue, cette « justice » s'était avérée (tout comme pour Paul, quoique sur des bases très différentes) « un joug que ni nous ni nos pères n'étions capables de supporter. " Jésus « eut compassion de la multitude ». À eux, il « parlait avec autorité » ; et pourtant « non comme les scribes » mais comme « un prophète ». Lorsqu'il fut contesté par les scribes concernant son autorité, il fit référence au « baptême de Jean » et demanda si le mandat de Jean venait « du ciel ou des hommes ». Ils ont admis que Jean était « un prophète ». Ceux qui expriment ainsi la conviction simple et sincère de l'âme, exprimant son aspiration instinctive vers « les choses qui sont de Dieu », sont conscients qu'ils ne parlent pas d'eux-mêmes.

Jésus, il est vrai, n'était pas un iconoclaste. Il s'est efforcé de préciser que s'il dépassait ce qu'ils enseignaient autrefois comme la justice, c'était dans l'intérêt d'une « justice de Dieu » supérieure. S'il négligeait les jeûnes et les sabbats, c'était pour mettre le fond au lieu de la forme, la fin au lieu des moyens. « Le jugement, la miséricorde et la bonne foi » devraient compter plus que les dîmes provenant de « la menthe, l'anis et le cumin ». Il a fait écho à ce que Jean-Baptiste avait enseigné sur la repentance et le pardon. L'espérance ne doit plus être fondée sur la naissance, ni sur une prérogative, ni sur une forme rituelle, mais sur la miséricorde d'un Dieu qui exige que nous pardonnions si nous voulons être pardonnés. Tel avait pourtant été le message non seulement de Jean, mais de tous les prophètes avant lui : « J'aurai pitié et non un sacrifice. » Jésus a enseigné cette justice supérieure, intérieure ; mais pas seulement comme John l'avait fait. Jean avait dit : Repentez-vous, car la colère de Dieu est proche. Jésus a dit : Repentez-vous, car le pardon de Dieu est ouvert. Le cœur du Père aspire aux fils rebelles. Jésus a prêché la proximité du Royaume comme « une bonne nouvelle pour les pauvres » ; et parmi ces « pauvres » se trouvaient même des étrangers qui mettaient « foi » au Dieu d'Abraham.

La nouvelle Voie partait de la même Écriture que celle des scribes, mais elle tendait dans une direction opposée. Les leurs s'étaient progressivement développés en précision et en autorité depuis l'époque d'Esdras ; oui, puisque Josias avait conclu une alliance formelle, après la découverte du « livre de la Loi » dans le temple, s'engageant lui-même et son peuple à l'obéissance. Comme chez de nombreux peuples anciens, la codification de la loi ancienne avait été suivie de sa canonisation, et à mesure que la vie nationale diminuait, la signification religieuse de la loi avait augmenté. Elle était désormais déclarée exprimer la volonté complète de Dieu, pour un peuple de Dieu idéal, dans un univers rénové, dont le centre devait être une Jérusalem nouvelle et glorifiée. L'exil interrompit pour un temps le processus de développement formel ; mais dans la reconstruction ecclésiastique qui suivit à l'époque d'Esdras, « le livre de la Loi » était devenu encore plus suprême ; le scribe a remplacé l'officier civil, la synagogue est devenue à la fois un sanctuaire local et un palais de justice, la nation est devenue une église, Israël est devenu « le peuple du livre ».

Les exigences légales exigent une incitation à la récompense. Il n'est donc pas étonnant que le canon de la Loi ait été bientôt complété par celui des écrits des Prophètes, historiques et exhortatifs. Les premiers étaient considérés comme interprétant la Loi en montrant son application dans la pratique, les seconds étaient appréciés pour leur élément prédictif. La loi et les prophètes étaient complétés par des psaumes et des éléments de la littérature ultérieure ayant une application au système religieux. Les plus influentes furent les « apocalypses » ou « révélations » du Royaume transcendantal et des conditions et modes de son avènement. L'Écriture était ainsi devenue une incarnation de la religion d'Israël. Il énonçait la loi nationale, civile, pénale ou religieuse ; et l'espérance nationale, le Royaume de Dieu. Son gardien et interprète était à la fois le « scribe », l'avocat et le clerc. Le scribe détenait « la clé de la connaissance » ; il lui fut donné de « lier et délier », « d'ouvrir et de fermer ».

Tout prédicateur qui prétendait prescrire une justice en dehors du « joug de la Loi », ou promettre le pardon des péchés sur une autre autorité, doit compter avec les scribes. Il serait considéré comme cherchant à « prendre le Royaume par la violence ».

Le martyre de Jésus a été accompli par l'intermédiaire des prêtres, des autorités du temple ; mais à l'instigation des scribes et des pharisiens. Ses partisans furent peu après chassés du judaïsme orthodoxe et soumis à la persécution. Cette persécution, cependant, trouva bientôt sa direction naturelle, non pas parmi les sacerdoces sadducéens du temple, mais parmi les dévots de la Loi. C'était « dans les synagogues ». De quasi-politique, elle est devenue nettement religieuse. Cette persécution par les Pharisiens est dans l'ensemble moins surprenante que le fait qu'un si grand nombre de croyants juifs aient continué à se considérer comme des Pharisiens cohérents, et aient même été considérés comme tels par leurs compatriotes juifs. En réalité, les chrétiens juifs, en règle générale, ne voyaient aucune incompatibilité entre la religion de synagogue moyenne et leur acceptation de Jésus comme l'homme surnaturellement attesté lors de la résurrection comme destiné à revenir apporter la gloire du Royaume. L'idée de « justice » de Jésus ne leur paraissait pas inconciliable avec le légalisme des scribes ; Encore moins avaient-ils senti la différence subtile entre sa promesse « Vous serez fils et filles du Très-Haut » et les rêves apocalyptiques qu'ils partageaient avec leurs compatriotes juifs. Saül le persécuteur et Paul l'apôtre étaient plus logiques. Dans Gal. ii. 15-21, nous avons la propre déclaration de Paul sur la question essentielle telle qu'elle apparaissait encore à son esprit clair. La religion synagogue moyenne laissait encore place à une relation plus paternelle de Dieu à l'individu, malgré l'empiétement progressif du système légaliste des scribes. Des hommes peu sensibles à l'incohérence pourraient trouver place au sein de la synagogue au « théisme paternel » de Jésus, même si celui-ci doit de plus en plus être placé sous la rubrique des « miséricordes non conventionnées ». Mais pour Paul, le dilemme est absolu. Il faut se fier soit à la « loi », soit à la « grâce ». Une confiance partielle dans l'un est dans cette mesure la négation de la foi dans l'autre. Le système des préceptes écrits ne permet aucune exception, ne tolère aucune allégeance divisée. Si le canon de la loi écrite est la condition donnée par Dieu à la promesse messianique, alors aucun homme ne peut aspirer à partager l'espérance d'Israël s'il ne se soumet pas sans réserve à son joug. Inversement, la foi n'est pas la foi si l'on cherche à la compléter par le mérite des « œuvres de loi ».

De ce point de vue, le Juif qui cherche le pardon de ses péchés par le baptême « au nom de Jésus » doit être considéré comme un apostat de la Loi. Il reconnaît par là qu'il suit une autre Voie, une voie de « grâce », un raccourci, pour ainsi dire, vers une part de l'héritage messianique d'Israël par la « faveur » d'un prétendu Messie . Le même Paul qui, après sa conversion, soutient

(Galates 2, 21) que chercher la « justification » par la Loi rend la grâce de Dieu sans effet, doit à l'inverse avoir soutenu avant la conversion que la chercher par la « grâce » de Jésus rendait la grâce inefficace. la Loi sans effet. Même au moment de la rédaction de cet article, l'axiome était toujours valable : pas de résistance au joug de la Loi, pas de persécution (Gal. v. 11).

Il est donc vrai que le système légaliste de prescription et de récompense ne s'était développé – ne pouvait se développer – qu'aux dépens de la religion moins mécanique et plus paternelle d'un Osée ou d'un Isaïe. Même les scribes avaient admis que la loi de l'amour était « bien plus que tous les holocaustes et tous les sacrifices ». Et le mouvement de Baptiste et de Jésus avait en réalité été de la nature d'une réaction envers cette foi plus ancienne et plus simple. La révolte soudaine dans l'esprit de Paul contre le système des scribes n'aurait peut-être pas eu lieu dans l'esprit d'un pharisien peu familier avec les idées grecques. Mais dans une certaine mesure, l'expérience de Paul du conflit entre la chair et l'esprit, une « incapacité morale » à répondre aux exigences de la Loi *était* une expérience chrétienne typique, comme Paul le ressentait. Pour lui, c'est devenu la base d'un évangile indépendant. Pour lui, la Croix et l'Esprit transmis par le Messie ressuscité étaient des signes de Dieu indiquant que la dispensation de la Loi était terminée et qu'une dispensation de la Grâce et du Fils commençait. Sans cet évangile paulinien *sur* Jésus, le christianisme n'aurait jamais pu devenir plus qu'une secte du judaïsme réformé.

L'enseignement et le martyre de Jésus avaient ainsi servi à faire ressortir une antithèse profonde et réelle. Seulement, on pourrait pardonner aux hommes qui n'étaient pas passés comme Paul de l'extrême confiance dans le légalisme à l'extrême extrême du désespoir une certaine insensibilité à cette incohérence. Nous pouvons comprendre que Jacques et Pierre pourraient honnêtement se tenir toujours soumis à l'obligation de la loi écrite, même si nous admettons la logique de Paul selon laquelle tout homme qui avait autrefois « cherché à être justifié en Christ » ne pouvait en aucun cas revenir à l'observance légale sans être « auto-condamné ».

On peut dire que le christianisme a atteint la conscience de soi en tant que nouvelle religion dans le grand argument dirigé par Paul dans le sens de son propre évangile contre Pierre et les apôtres plus anciens. Sa victoire en tant que religion universelle de « grâce » sur les limites du judaïsme était due à la doctrine commune de « l'Esprit ». C'était le seul point d'accord, le seul espoir d'une entente ultime entre les parties en conflit. Tous étaient d'accord sur le fait que le chrétien est doté de « l'Esprit ». C'était en vérité le grand héritage de Jésus partagé par tous. Et Pierre et Jacques ont admis que nier que les Gentils incirconcis avaient reçu l'Esprit, c'était « lutter contre Dieu ».

Après la mort de Paul, le développement ecclésiastique prit principalement la voie de la synagogue. Le sentiment de la présence et de l'autorité de «

l'Esprit » s'affaiblissait, l'autorité de la lettre se renforçait. Dès le début, même les églises pauliniennes, dans leurs rituels, leur ordre et leurs observances, avaient instinctivement suivi ce modèle. Tous continuèrent, bien entendu, à utiliser les écrits sacrés de la synagogue. Paul lui-même, malgré ses protestations contre « la lettre », ne pouvait faire aucun progrès contre ses adversaires, sauf en s'appuyant sur « l'Écriture ». Il y avait trouvé des anticipations et des prédictions de sa propre foi chrétienne ; mais par une exégèse souvent à peine moins forcée et moins fantastique que celle des écoles rabbiniques dans lesquelles il avait été formé. C'était une nécessité de l'époque. Le raisonnement, aussi fallacieux qu'il semble aujourd'hui, avait fait appel et renforcé la propre foi de Paul, et était probablement efficace auprès des autres, même si la foi reposait en réalité sur d'autres fondements que le raisonnement par lequel elle était défendue. Les résultats de ce biblicisme ne furent pas tous salutaires. Les prétentions à l'autorité écrite ont été relâchées plutôt que brisées. Paul lui-même avait trouvé suffisamment de place au sein de ces défenses pour la religion de l'Esprit ; mais une génération arrivait avec moins de sens de l'inspiration actuelle. La dépendance à l'égard de l'autorité passée serait accrue chez cette nouvelle génération en proportion directe avec son sentiment d'« inspiration » supérieure de la génération précédente. Paul n'est même pas gêné par « les écritures des prophètes » car, selon lui, celles-ci tirent toute leur autorité et leur sens du « Seigneur, l'Esprit ». C'est pourquoi « là où est l'Esprit du Seigneur, là est la liberté ». Seule la « parole du Seigneur » dont on se souvient a pour Paul une autorité au-delà de la sienne, même lorsqu'il pense qu'il a aussi l'Esprit. À cette exception près, la révélation passée est pour Paul subordonnée au présent. Mais le disciple immédiat de Paul, l'auteur de la lettre aux Hébreux, se situe déjà à un niveau inférieur. Cet auteur se réfère à une triple source d'autorité : Dieu avait parlé autrefois « par les prophètes » et aujourd'hui « par un Fils », mais il se tourne aussi vers une autorité apostolique supérieure à la sienne : la parole « a été confirmée ». à nous par ceux qui ont entendu, Dieu leur rendant témoignage aussi, à la fois par des signes et des prodiges, et par de multiples puissances, et par les dons du Saint-Esprit. De même, l'auteur des Épîtres pastorales (90-100 ?) considère le « modèle de paroles saines » entendues par Paul comme un « dépôt sacré », qui est « gardé » plutôt que révélé « par le Saint-Esprit ». Les « paroles saines » en question sont définies comme étant « les paroles de notre Seigneur Jésus-Christ ». Celles-ci, prises ensemble avec « la doctrine qui est selon la piété », fixent la norme de l'orthodoxie. Pour « Jude » (100-110 ?), la foi est quelque chose « délivré une fois pour toutes aux saints ». Son message est le suivant : « Souvenez-vous, bien-aimés, des paroles prononcées auparavant par les apôtres de notre Seigneur Jésus-Christ. » L'autorité augmente, le sens de l'Esprit révélateur diminue.

Il faut beaucoup de temps avant que le sens de l'inspiration actuelle, tant dans les paroles que dans l'œuvre, se perde ; Plus longtemps encore avant que les préceptes enregistrés de Jésus, les exhortations et les directives des apôtres, les visions des « prophètes », viennent prendre place aux côtés de la Bible de la synagogue comme « écrits de la nouvelle alliance ». Méliton de Sardes (*vers* 170) est le premier à utiliser cette expression, et même dans son cas, elle n'a pas le sens d'un canon aux limites définies. Tertullien (200-210) est le premier à opposer un « Nouveau Testament » défini à l'Ancien. Il faut jeter un coup d'œil sur certaines des étapes intermédiaires pour apprécier ce processus progressif de canonisation.

Au début, il n'y a pas d'autre « Écriture » que celle de la synagogue . Clément de Rome (95) n'utilise encore comme Bible que la Loi et les Prophètes (dont certains apocryphes aujourd'hui perdus). Il se réfère aux préceptes de Jésus (cités comme dans Actes XX, 35 de la tradition orale), avec le même sentiment que Paul de leur autorité suprême, et invite les Corinthiens auxquels il s'adresse à prêter attention à ce que le bienheureux Apôtre Paul leur avait écrit. "au début du service évangélique", pour les mettre en garde contre les factions. Clément n'a pas non plus perdu le sens de l'inspiration directe ; car il attache à sa propre épître, écrite au nom de l'Église de Rome, la même autorité surhumaine revendiquée dans les Actes XV. 28 pour la lettre envoyée par l'église de Jérusalem. Si les Corinthiens ne tiennent pas compte des « paroles prononcées par Dieu à travers nous », ils « n'encourront aucune légère transgression ni danger », car ces avertissements d'une église sœur sont prononcés au nom et par l'inspiration du Saint-Esprit. Pourtant Clément ne songe pas à comparer son autorité, même lorsqu'il écrit comme agent de l'Église, avec celle des « oracles de la doctrine de Dieu », des « Écritures saintes », des « Écritures vraies, données par Dieu ». par le Saint-Esprit, dans lequel rien n'est écrit d'injuste ou de contrefait. » Il ne classe même pas sa propre autorité avec celle des « bons apôtres Pierre et Paul ».

Ignace, évêque d'Antioche, transporté à Rome pour y être martyrisé en 110-117, profite d'un bref séjour parmi les églises d'Asie pour les exhorter à résister aux empiétements de l'hérésie en consolidant l'organisation de l'église, la discipline et la stricte obéissance à l'évêque. Ignace aussi ressent encore le souffle. Son message, déclare-t-il avec emphase, lui a été révélé, ainsi que l'occasion, directement du ciel. C'était « la voix de Dieu et pas seulement d'un homme » lorsqu'il criait parmi les Philadelphiens : « Faites attention à l'évêque, au presbytère et aux diacres ». Pourtant, Ignace ne peut pas enjoindre les Romains comme le faisaient Pierre et Paul. Ils étaient des « apôtres ». Il est « un condamné ». Son inspiration, aussi incontestable soit-elle, est d'un ordre inférieur.

Hermas , un « prophète » de la même Église romaine que Clément, bien qu'une génération plus tard, est toujours si conscient du caractère surhumain de ses « Visions », « Paraboles » et « Mandats » qu'il les fait circuler comme inspiré. messages de l'Esprit; et cela ne concerne pas seulement Rome.

Clément, alors apparemment encore vivant, et « celui à qui ce devoir est confié », doit les envoyer « dans les villes étrangères ». En fait, le *Pasteur* d'Hermas a longtemps occupé une place dans de nombreuses églises dans le canon du Nouveau Testament. Pourtant, moins d'une génération après Hermas , la prétention d'exercer le don de prophétie dans l'Église était considérée comme dangereuse, voire hérétique.

Dans la nature du cas , il était vraiment impossible que le sentiment originel de dotation en « l'Esprit » puisse survivre. Non seulement le respect rapidement croissant pour les apôtres et le Seigneur a ouvert un gouffre séparant « la parole de sagesse et la parole de puissance » données à cette époque, des moindres prétentions contemporaines de miracle et de révélation ; la croissance même et la large diffusion du message de l'Évangile rendaient la standardisation impérative. Avant le milieu du deuxième siècle, le schisme gnostique avait entraîné près de la moitié de l'Église dans le tourbillon de l'hérésie spéculative. Marcion à Rome (*vers* 140) a poussé l'anti-légalisme paulinien jusqu'à l'extrême d'un rejet total de l'Ancien Testament. Le judaïsme et toutes ses œuvres et voies devaient être répudiés. Le Dieu même d'Abraham, d'Isaac et de Jacob a été déclaré autre que le « Père céleste » de Jésus et ignorant son existence. Contre de tels caprices, il doit y avoir une norme historique. Même Marcion lui-même considérait le passé, aussi récent soit-il, comme une source de lumière, et comme il fallait trouver une norme écrite, c'est lui, l'hérétique, qui a donné au christianisme son premier canon d'écrits chrétiens. Les églises marcionites supprimèrent la lecture publique de la Loi et des Prophètes et ne purent mettre à leur place que « Évangile » et « Apôtre ». Non pas que les épîtres, les évangiles et même les « révélations » n'étaient pas également utilisés parmi les orthodoxes ; mais on ne les appelle pas encore « Écritures ». Même les évangiles sont considérés comme de simples aides à la mémoire pour transmettre l'enseignement du Seigneur. Cet enseignement lui-même n'est que l'interprétation faisant autorité de la Loi et des Prophètes, et est à son tour interprété par les écrits des apôtres.

de Marcion était constitué de notre Luc, expurgé selon ses propres idées. Son « Apôtre » contenait les épîtres de Paul moins les épîtres pastorales et une série de passages annulés du reste comme interpolations juives. Ce fut la première Bible chrétienne distincte des « Écritures » de la synagogue.

Indirectement, la croissance de l'hérésie gnostique a contribué encore plus à l'autorité croissante des écrits apostoliques et quasi-apostoliques. L'une de ses formes les plus anciennes et les plus odieuses s'appelait « Doketisme », de son exagération du Paulinisme à une répudiation complète du Jésus historique, dont la carrière terrestre était stigmatisée comme un simple « fantasme » (*dokesis*). Le dokétisme nous est connu non seulement par la description faite par ses opposants orthodoxes, mais aussi par quelques écrits qui lui sont propres. C'est le type d'hérésie contrarié dans les épîtres johanniques (*vers* 100) et dans celles d'Ignace (110-117). Or, Ignace, comme nous l'avons vu, s'appuyait principalement sur l'organisation et la discipline de l'Église. Les Épîtres pastorales (90-100), tout en soulignant aussi « la forme des paroles salutaires, même les paroles de notre Seigneur Jésus », prennent, dans l'ensemble, une direction similaire. Mais 1er Jean, qui s'appuie beaucoup moins que les épîtres pastorales ou Ignace sur la simple organisation de l'Église, est également rejeté sur la vie et l'enseignement de Jésus comme norme historique. Il *fait* donc un appel formel à la tradition sacrée dans ses deux éléments, mais avec une différence caractéristique de l'esprit paulinien. La vie rédemptrice et la mort de Jésus sont considérées comme une manifestation de « la vie, même la vie éternelle (du Logos) qui était avec le Père et qui nous a été manifestée » (le corps historique des croyants). Encore une fois, le « nouveau commandement » de Jésus, la loi de l'amour, est l'incarnation de toute justice.

Dans sa doctrine de l'Écriture comme à bien d'autres égards, l'écrivain johannique fait preuve d'une largeur d'esprit et d'une catholicité qui anticipent presque le développement des âges ultérieurs. Sa tâche consistait en fait à adapter l'évangile paulinien développé à un type de christianisme plus proche de la tradition synagogue. Ce type avait grandi sous le nom de Peter. Sur la question de la norme de l'autorité écrite, « Jean » [2] laisse place à la liberté de l'Esprit si magnifiquement exposée dans l'enseignement et l'exemple de Jésus et de Paul, tandis qu'il résiste à la licence erratique de « ceux qui veulent vous conduire ». égaré." Le résultat est une doctrine de l'autorité historique en général, et de celle des Écritures en particulier, nettement différenciée de la doctrine juive et méritant à tous égards d'être traitée comme la base de la doctrine chrétienne. Dans un grand chapitre de son Évangile (Jean v.), où Jésus débat avec les scribes la question de sa propre autorité, le dialogue se termine par une dénonciation à leur encontre parce qu'ils sondent les Écritures avec l'idée qu'en elles ils ont la vie éternelle , c'est-à-dire qu'ils les traitent comme un code de préceptes, dont l'obéissance sera ainsi récompensée. Au contraire, dit Jésus, les Écritures ne font que « témoigner » de la vie qui est présente en Lui comme Verbe incarné et éternel ; "mais vous ne viendrez pas à moi pour avoir la vie."

En recherchant la vie derrière la littérature comme véritable révélation, l'écrivain johannique fait la distinction essentielle entre doctrine juive et doctrine chrétienne. Il se situe entre Paul, dont le point de vue particulier était basé sur une expérience personnelle exceptionnelle, et le chercheur moderne, qui ne peut que traiter objectivement tous les monuments littéraires et les archives des mouvements religieux, comme des données pour l'histoire et la psychologie de la religion. Si l'étudiant a un esprit dévot, les Écritures seront pour lui aussi, même si elles sont conditionnées par les particularités de l'environnement temporel et du caractère individuel, des manifestations de « la vie, même de la vie éternelle, qui était avec le Père et qui nous a été manifestée » .

Mais l'écrivain johannique était bien plus profond et « spirituel » [3] que la tendance de son époque. L'ami et contemporain d'Ignace, Polycarpe, « le père des chrétiens » d'Asie, dans son épître aux Philippiens (110-117), exhorte à éviter les faux enseignants qui « détournent les paroles du Seigneur selon leurs propres convoitises, niant les résurrection (corporelle) et jugement. » Mais il n'a pas de meilleur remède que de « se tourner (sans doute de manière quelque peu mécanique) vers la tradition transmise depuis le début » et d'étudier « les Épîtres de Paul ». Le premier procédé est pleinement appliqué chez le collègue ultérieur de Polycarpe, Papias de Hiérapolis (*vers* 145 ?), qui publie un petit volume intitulé *Interprétation des paroles du Seigneur* . Il est basé sur des traditions soigneusement authentifiées des « apôtres et des anciens », en particulier d'un certain « Ancien Jean » contemporain qui parle au nom de la succession de Jérusalem. Selon Papias, nos deux évangiles grecs de Matthieu et Marc représentent deux sources apostoliques, l'une une compilation araméenne des préceptes de Jésus par Matthieu, l'autre des anecdotes de ses « paroles et actions » rassemblées à partir de la prédication de Pierre.

Aussi reconnaissants que nous devons être pour les efforts de Papias pour authentifier la tradition évangélique, car ils sont corroborés dans leurs principaux résultats par toutes les autres traditions anciennes ainsi que par l'étude critique des documents, il est frappant de constater à quel point ils s'alignent sur les tendances de la âge. Eusèbe (325) caractérise le règne de Trajan (98-117) comme une période où beaucoup entreprirent de diffuser par écrit « les divins Évangiles ». L'un de nos propres évangélistes, dont l'œuvre doit probablement être référée au début de cette période, mais qui n'est pas mentionnée par « l'Ancien », fait allusion au même phénomène. Les apôtres étaient partis. C'est pourquoi pour Luc [4] la question de « l'ordre » était une perplexité, comme l'Ancien fait observer qu'elle l'avait déjà été pour Marc. Peu après Luc et Papias viennent Basilide avec ses *Exégétiques* , probablement basées sur Luc (120 ?), et Marcion (140), tous deux engagés, de leur propre point de vue, dans les questions actuelles de l'enseignement et du ministère de Jésus.

Ainsi, au début du IIe siècle, tous les éléments nécessaires à la formation d'un canon du Nouveau Testament étaient réunis. Ils comprenaient la tradition de l'enseignement et de l'œuvre de Jésus, les lettres des apôtres et des dirigeants de l'Église vénérées comme données par l'autorité de l'Esprit et les visions et révélations des « prophètes ». Non seulement les éléments étaient présents, mais la pression irrésistible du temps allait certainement les forcer à se cristalliser. Ce qui est étonnant, ce n'est pas que le canon ait été formé, mais qu'il ait été retardé si longtemps.

Car il y avait aussi des facteurs de résistance. La Phrygie, théâtre des premières grandes conquêtes missionnaires de Paul, foyer immémorial de l'enthousiasme religieux, devient, vers le milieu du IIe siècle, le siège d'un mouvement de protestation contre la politique de consolidation et d'uniformisation de l'Église. Montanus s'est levé pour maintenir la persistance dans l'Église du don de prophétie, faisant remonter la succession dans la lignée masculine et féminine jusqu'à Silas, le compagnon de Paul, et les filles prophétisant de Philippe l'évangéliste. Les « Phrygiens », comme on les appelait, ont naturellement fait grand cas des écrits courants en Asie Mineure, notamment du livre de « prophétie » attribué à « Jean ». Théoriquement en effet, l'Église n'était pas disposée à reconnaître la disparition de ce don. Pour Hermas (130-140) et l' *Enseignement des Douze* (120-130), c'est toujours un « péché contre l'Esprit » d'interrompre ou de s'opposer à un prophète pendant son discours extatique. D'autre part, l' *Enseignement* réitère les avertissements apostoliques pour « éprouver les esprits », avec des interdictions d'excès spécifiques de l'ordre. De plus, à l'époque de Montanus et des « Phrygiens », la reconnaissance théorique de la révélation par les prophètes cédait rapidement devant les dangers pratiques inséparables des « révélations » de ce caractère enthousiaste, dont tout membre de l'Église, homme ou femme, ignorant ou ignorant. un érudit, laïc ou clerc, pourrait en être le destinataire. Le contrôle régulateur strict imposé à la fois par Paul et Jean [5] sur ce type de don spirituel (1er Thess. v. 20 *s* .; 1er Cor. XII. 3; XV. 29 *s.* 32; *cf.* 1er Jean iv. 1) s'est avéré doublement nécessaire face aux tendances de désintégration de l'ère post-apostolique, et après de longs débats et de nombreuses protestations, le mouvement de Montanus a finalement été déclaré hérétique à Rome, bien qu'Irénée (186) ait intercédé en sa faveur et que Tertullien (210) est devenu un converti.

L'histoire de ce mouvement dans la période de formation du canon du Nouveau Testament explique pourquoi les « révélations des prophètes » n'ont obtenu qu'une faible reconnaissance par rapport à la « parole du Seigneur » et au « commandement des apôtres ». Dernier des trois, par ordre de rang (1 Cor. XII, 28 ; Eph. IV, 11), dernier également à être codifié sous forme écrite, il ne faut pas s'étonner que notre Nouveau Testament actuel ne retient qu'un seul des trois. Autrefois, les livres de « prophétie » étaient courants. Pendant un certain temps , le *Berger* d' Hermas et l' *Apocalypse de Pierre* rivalisèrent avec les prétentions à la canonicité de notre propre Révélation de Jean, mais furent bientôt abandonnées. Notre propre Apocalypse a subi plus d'opposition que tout autre écrit du Nouveau Testament, étant toujours exclue du canon dans certaines branches de l'Église. Sa place précaire à la fin du canon que nous, modernes, avons héritée d'Athanase (*ob*. 373) était en fait beaucoup moins due aux affirmations vigoureuses de son auteur en tant que « prophète » inspiré (i . 1-3 ; xxii). . 6-9, 18 *s*.) qu'aux prétentions à l'apostolicité avancées dans la préface et l'annexe. Car jusqu'au troisième siècle, personne ne s'efforçait de comprendre le « Jean » du Rév . 4, 9 et XXII. 8 autrement que comme l'Apôtre. Eusèbe (325) se demande seulement si le livre doit être classé dans son premier groupe d'écrits « acceptés », avec les Évangiles et les épîtres pauliniennes, ou dans le troisième comme « faux ». S'il était écrit par « un autre Jean que l'Apôtre », il ne l' honorerait même pas d'une place dans son deuxième groupe de livres « contestés », avec Hébreux, Jacques, Jude et 2e Pierre.

Ainsi, à la fin du deuxième siècle, alors qu'il y avait encore de nombreuses controverses (destinées en effet à durer des siècles) quant aux *limites* du canon du Nouveau Testament, il y avait en fait un véritable Nouveau Testament canonique opposé à l'Ancien Testament. , avec une autorité égale, voire supérieure. La « parole du Seigneur », le « commandement des apôtres » et enfin même les « révélations des prophètes » avaient successivement cessé d'être des réalités vivantes et s'étaient cristallisées sous forme écrite. Ils avaient été codifiés et canonisés. L'Église avait parcouru les sentiers battus de la synagogue, et d'autant plus rapidement que l'exemple lui était donné. Aucun des premiers canons (*c'est -à-dire* les listes d'écrits dont la lecture est autorisée dans les églises) ne coïncide exactement, il est vrai, avec le Nouveau Testament courant parmi nous. La liste d'Athanase est la première à ne donner que nos livres. La liste romaine du fragment muratorien (185-200) omet Hébreux, Jacques et Pierre II, et donne au moins une sanction partielle à l' *Apocalypse de Pierre* . Les listes d'Origène (*ob* . 251) et d'Eusèbe (325) varient en termes d'inclusion et d'exclusion. Toutes les premières autorités expriment un jugement douteux concernant la marge extérieure des écrits mineurs tels que Jacques, Jude, 2e Pierre, 2e et 3e Jean. Même ceux au contenu plus vaste, comme Hébreux et l'Apocalypse, si leur apostolicité était remise en question, restaient des sujets de controverse. Mais déjà en 200 APRÈS J.-C., le temps était révolu depuis longtemps où l'une des treize épîtres portant le nom de Paul pouvait être considérée comme sujette à caution. L'exclusion des trois pastorales par Marcion avait été oubliée. La contestation du canon des quatre évangiles pouvait encore être tolérée ; mais pas pour longtemps. Irénée (186) n'a aucune patience avec « ces misérables » qui ne peuvent pas voir que, dans la nature des choses, il ne devrait y avoir ni plus ni moins que ce nombre. Mais il fait explicitement référence à ceux qui contestaient « cet aspect de l'Évangile appelé celui de Jean ». Il y avait en effet à Rome des opposants au montanisme qui, sous la direction de Gaius, avaient nié l'authenticité de tous les écrits attribués à Jean, y compris l'Évangile lui-même. Mais même les orthodoxes qui étaient assez disposés à rejeter l'Apocalypse, avec son eschatologie désormais démodée, convenaient que l'attaque de Gaius contre le quatrième Évangile était trop radicale. Le petit groupe qui a continué pendant quelques générations à résister à l'inclusion d'un quelconque écrit johannique dans le canon est resté sans influence et a finalement été oublié. L'Église « catholique » [6] avait répudié l'hérésie, standardisé la foi et limité son expression historique reconnue à un « canon » des Écritures du Nouveau Testament.

CHAPITRE II

LA RÉACTION AUX CRITIQUE

L'Église « catholique » consolidée du IIIe siècle pourrait sembler, en ce qui concerne sa doctrine de l'Écriture, avoir retracé ses pas vers un point de vue correspondant tout à fait à celui de la synagogue. Seulement, le paradoxe persistait : les écrits mêmes canonisés étaient ceux suprêmement adaptés pour évoquer un esprit de résistance au despotisme du prêtre ou du scribe. La Réforme protestante était une révolte contre la première, et il est remarquable de constater le rôle important joué par la doctrine néotestamentaire de « l'Esprit » dans cette lutte de la démocratie spirituelle contre la tyrannie hiérocratique. L'épître de Paul aux Galates est devenue le Palladium de Luther.

Mais les dogmatiques de l'après-Réforme étaient effrayés par leur propre liberté. La prédiction des romanistes selon laquelle la répudiation de l'autorité traditionnelle dans son incarnation ecclésiastique entraînerait des schismes et des conflits internes semblait sur le point de se réaliser. Les concepteurs de systèmes théologiques, comme leurs prédécesseurs de l'ère post-apostolique, ne voyaient d'autre issue que de mettre tout leur poids sur une inspiration passée supposée sans erreur. Les livres canoniques étaient déclarés fournir une règle infaillible de foi et de pratique.

C'est dans le désir sincère de répondre aux exigences de cette théorie qu'est née la science de la critique. Dans les premiers temps, elle ne s'aventurait pour l'essentiel pas au-delà de ce que l'on appelle la critique « textuelle ». Car une doctrine de l'inerrance est manifestement inutilisable tant que les erreurs de transmission n'ont pas été éliminées. La critique textuelle s'est attelée à cette tâche en posant la question : parmi les différentes lectures trouvées dans les différents manuscrits du Nouveau Testament, laquelle est originale ? Malheureusement, pour satisfaire à cette exigence logique, le critique, s'il n'est pas soutenu comme ceux de Rome par une garantie papale, doit lui-même être infaillible. Le résultat inévitable de cette tentative, entreprise dans le plus sincère esprit d'apologétique, fut de prouver qu'un texte infaillible est irrémédiablement inaccessible. La critique textuelle est indispensable ; mais en tant que serviteur de l'apologétique , il est voué à l'échec.

La variation des manuscrits n'était pas le seul obstacle à l'infaillibilité biblique. Sans parler des divergences d'interprétation, se posait la question du canon. Soit la décision de l'Église « catholique » doit être acceptée comme infaillible, soit les chercheurs doivent entreprendre une « critique du canon » pour défendre la liste actuelle des livres « inspirés ». Une critique « supérieure » devenait nécessaire, ne serait-ce que pour justifier le choix de l'Église sur des bases historiques. Les catholiques romains comme Simon, dont les livres *d'Histoire critique* de la Bible parurent entre 1689 et 1695, pouvaient rouvrir la question en toute impunité. Ceux qui fondaient leur autorité sur la seule infaillibilité de l'Écriture ne pouvaient relever le défi autrement que comme le fit Michælis dans son *Introduction aux écrits divins du Nouveau Testament* (1750-1780). Michælis a entrepris une enquête historique sur les circonstances d'origine de chacun des livres canoniques, dans le but de prouver que chacun était en réalité ce que la tradition déclarait. Les vingt-sept communément acceptés étaient censés avoir été écrits par des apôtres, ou du moins tellement intentionnés et garantis par eux, qu'ils les couvraient tous de l'égide d'une infaillibilité non concédée à l'âge post-apostolique. L'érudition, sous le joug de l'apologétique, trouva à nouveau sa tâche impraticable. Michælis lui-même a avoué qu'il était « difficile » de prouver l'authenticité dans des cas comme celui de l'épître de Jude. Considérez cette tâche comme la justification scientifique d'un verdict rendu des siècles auparavant sur des bases inconnues, mais désormais dépourvue d'autorité officielle, et elle devient inévitablement désespérée. Peut-on s'attendre à ce que les médecins ne soient pas en désaccord sur l'authenticité ou le pseudonymat de II Pierre, qui ont toujours été en désaccord sur cette question et sur des questions similaires, et viennent d'admettre leur désaccord sur le texte ?

Pendant un demi-siècle, la critique a semblé perdue dans le bourbier d'une simple controverse sur le texte (supposé) infaillible et le canon (supposé) infaillible. Les apologistes se sont battus simplement sur la défensive, s'efforçant de prouver que des hommes dont la faillibilité était reconnue avaient néanmoins prononcé un verdict infaillible sur les sujets les plus difficiles de la recherche littéraire et historique. Les critiques eurent la tâche facile de démontrer que la théorie de l'inspiration et de la canonicité de l'Église était incorrecte ; mais n'a fait aucun progrès vers une explication constructive de la signification religieuse, ou même historique, de la littérature. De véritables progrès n'ont été accomplis que lorsque la critique a renoncé à établir ou à infirmer un texte « reçu », ou un canon « autorisé », pour devenir simplement un instrument entre les mains de l'historien, qui cherche à remonter jusqu'à leurs origines les des idées que l'Église a inscrites dans sa littérature parce qu'elle les trouvait efficaces dans sa croissance.

Pour le grand éveil dans lequel la critique du Nouveau Testament « s'est trouvée » en tant que branche authentique et indispensable de l'histoire de la religion, nous devons en grande partie à l'éminent historien de l'Église Ferdinand Christian Baur (ob. 1860) . Baur a rassemblé les résultats fragmentaires d'une génération de simple négation, d'une guerre d'indépendance contre la tyrannie de la tradition dogmatique, et a cherché à replacer les écrits du Nouveau Testament dans leur véritable cadre de l'histoire de l'Église primitive. Ses opinions particulières ont été dépassées.

Des études ultérieures ont réfuté bon nombre de ses déductions et ont apporté de la part d'amis et d'ennemis des modifications d'une grande portée à sa théorie générale. Mais, consciemment ou non, Baur, en faisant de la critique la servante de l'histoire, œuvrait dans l'intérêt de cette doctrine constructive et chrétienne de l'Écriture inspirée qu'un ancien professeur anonyme de l'Église avait décrite comme un « témoin » de l'Écriture inspirée. La vie, « la vie éternelle qui était avec le Père », est dans l'homme et s'est manifestée dans l'origine et le développement historique de notre religion.

La Réforme avait été une révolte contre le despotisme du prêtre ; c'était une révolte contre le despotisme du scribe.

Baur n'a accordé que peu – trop peu – d'attention aux premières traditions, ce qui a rendu ses résultats indûment négatifs. Aucun des livres du Nouveau Testament n'est daté ; rares, à part les épîtres pauliniennes, contiennent même le nom d'un auteur ; et ces quelques-uns, 1er et 2ème Pierre, Jacques, Jude et Apocalypse, étaient (1er Pierre seul à l'exception) justement ceux que même les faiseurs de canons avaient classés comme douteux ou faux. Même un Calvin ne soutiendrait pas l'authenticité de 2e Pierre, un Luther avait nié la valeur de Jacques et de l'Apocalypse. Il avait été facile pour la « critique du canon » de montrer que ceux qui déterminaient son contenu n'étaient pas motivés par des considérations de science pure. Ces livres étaient admis comme étant anciens et dignes de confiance, et dont l'orthodoxie répondait aux normes de l'époque. Celles qui étaient moins courantes, peu orthodoxes ou qui ne pouvaient établir aucune relation directe avec un apôtre ont été contestées ou rejetées. Il convenait au critique, une fois son objectif devenu non plus apologétique mais historique, d'abandonner une fois pour toutes la question de savoir si la sélection des faiseurs de canons, faite non pas à des fins scientifiques, mais à des fins religieuses, est bonne, mauvaise ou indifférente. Le moment était venu pour lui d'appliquer les preuves disponibles à sa propre question scientifique : quel rapport ces différents écrits entretiennent-ils avec le développement du christianisme ? Restait à savoir s'il pouvait offrir des preuves constructives plus convaincantes que la tradition.

La dernière date à laquelle un écrit non daté ou contesté peut être attribué est celle où les marques de son emploi par d'autres, ou de son influence sur eux, deviennent indéniables. C'est ce qu'on appelle la preuve « externe ». La date la plus ancienne, à l'inverse, est celle à laquelle nous sommes ramenés par les références dans le livre lui-même à des événements et écrits antérieurs et actuels, ou par des marques indéniables de leur influence. C'est ce qu'on appelle la preuve « interne ». Considérant la tradition comme faisant partie des preuves externes, la critique scientifique moderne est capable de déterminer en quelques décennies l'origine de tous les écrits du Nouveau Testament, sans susciter d'opposition même de la part des apologistes.

Aucun érudit ne rêve aujourd'hui d'adopter une autre méthode de preuve, quelles que soient ses tendances doctrinales. L'écrasante majorité est d'accord sur le fait que la période couverte, depuis les premières épîtres pauliniennes jusqu'aux dernières brèves fulminations contre le doketisme gnostique et le déni de « la résurrection et du jugement », est incluse dans le siècle de 50 à 150 APRÈS JC.

La conception de Baur du cours des événements de ce siècle capital a été décrite comme une théorie du progrès historique par fusion des opposés dans une unité supérieure. Le schéma hégélien de thèse, d'antithèse et de synthèse avait en fait une certaine justification dans les phénomènes reconnus du développement du christianisme. Elle est issue du judaïsme, surmontant le particularisme de cette foi encore nationaliste par le sens de sa mission envers le monde en général. Le conflit est reconnu dans toutes les sources et reflété de la manière la plus frappante dans les grandes épîtres de Paul aux Galates, aux Corinthiens et aux Romains, un conflit entre ceux qui concevaient le christianisme comme une religion universelle et ceux qui le considéraient comme une religion réformée, spiritualisée et le judaïsme perfectionné était le phénomène caractéristique du premier âge ou âge apostolique. C'était la lutte de la foi naissante contre ses langes. L'historien critique est obligé d'évaluer tous les récits ultérieurs et anonymes de ce développement à la lumière des documents reconnus plus anciens et indubitablement authentiques, les quatre grandes épîtres de Paul ; car celles-ci reflètent simplement les conditions réelles et ne sont pas affectées par la disposition ultérieure à idéaliser l'histoire. Thèses et antithèses étaient donc bien présentes au début.

Une égale unanimité a prévalu quant à la clôture de la période en question. Entre 150 et 200 APRÈS J.-C., le christianisme se solidifiait en une Église « catholique », rejetant les doctrines extrêmes des deux côtés, formulant sa « règle de foi », déterminant son canon, centralisant le contrôle administratif. Cela avait été considéré comme hérétique par l'extrême gauche Marcion et les Gnostiques, qui soit répudiaient complètement les écritures juives, soit les interprétaient avec plus de liberté que celle de Pauline. À l'extrême droite, il avait renoncé aux Ebionites non progressistes de Palestine, toujours en désaccord avec Paul, et insistant sur la soumission à la Loi pour les Juifs et les Gentils, comme condition d'une « part dans le monde à venir ». Que pourrait-on imaginer quant au cours des événements au cours du siècle d'obscurité qui a suivi ? N'a-t-on pas dû assister à une divergence progressive des extrêmes pauliniens et judaïsants, parallèlement à un rapprochement des modérés respectivement du côté de Pierre et de celui de Paul ? Les grandes lignes de Baur semblaient donc décrire de manière adéquate le cours principal des événements. Il s'est appuyé sur des preuves internes pour déterminer les dates des écrits contestés et leur relation avec ceux-ci. Mais la « critique du canon » chez Baur et dans la génération précédente en était venue à inclure parmi les écrits de date et d'authenticité douteuses non seulement ceux contestés dans l'Antiquité et les livres de récits anonymes, mais aussi le 1er Pierre et les épîtres mineures. de Paul. Il ne restait rien de strictement apostolique, sauf les quatre grandes épîtres de Paul.

La théorie de Baur et de l'école de Tübingen (c'est ainsi que furent désignés ses partisans) était largement conçue et défendue avec compétence. À deux égards essentiels, elle a exercé une influence permanente. (1) La critique, comme nous l'avons déjà noté, a cessé d'être un simple débat sur le texte et le canon, et s'intéresse aujourd'hui principalement à l'histoire des idées chrétiennes telles qu'incarnées dans sa littérature primitive. Son problème est de relier les écrits du Nouveau Testament, ainsi que tous les autres documents apparentés, à l'histoire de la religion en développement depuis sa première forme traçable dans les grandes épîtres pauliniennes jusqu'au moment où elle émerge en pleine lumière du jour vers la fin de la seconde. siècle. (2) Encore une fois, l'esquisse de Baur du processus par lequel la foi naissante atteignit la pleine conscience d'elle-même en tant que religion mondiale nécessitait une correction plutôt qu'une réfutation. Ce fut une grave erreur d'identifier Pierre, Jacques et Jean avec ceux que Paul dénonce amèrement comme des « faux frères » judaïsants, des « super apôtres », des « ministres de Satan ». C'était une perversion des preuves internes que de rejeter comme post-pauliniennes les épîtres de la période ultérieure, comme celles des Philippiens et des Colossiens, au motif que Paul lui-même n'a pas vécu pour participer à la seconde crise, la défense de sa doctrine contre la perversion sur la base de la côté de la théosophie mystique et hellénistique. Les grandes épîtres écrites sous le nom de Paul à l'époque de sa captivité ne font aucune référence aux systèmes gnostiques développés du deuxième siècle. Ils ne contrarient qu'une tendance naissante dans cette direction.

Mais bien que la transition de 50 à 150 AP . J.-C. ait été à la fois plus profonde et plus complexe que ne le pensait Baur, le transfert de l'Évangile au cours de ce siècle du sol juif au sol païen est en réalité le grand fait marquant sur lequel la littérature doit être lue comme toile de fond ; et la phase initiale du processus est marquée par la controverse de Paul avec les apôtres galiléens. Ce que nous devons appeler, à la différence du paulinisme, le christianisme « apostolique » est bien représenté dans le livre des Actes. Les écrits de Paul montrent qu'il avait le sentiment que lui-même et ses églises représentaient un type indépendant de christianisme, égal à tous égards au christianisme « apostolique », le problème étant l'unification des deux. Or, il va de soi que l'enquêteur doit partir du relativement connu et déterminable vers l'inconnu et le discutable. C'est donc en réalité de la littérature épistolaire de l'Église, en particulier des grandes épîtres pauliniennes, qu'il doit s'appuyer. Comme source pour notre compréhension du développement de la vie de l'Église, la littérature de l'Apôtre, directement impliquée dans les conflits et les enjeux de l'époque, même si dans ses éléments ultérieurs d'auteur douteux ou pseudonyme, prime dans son ensemble sur la Littérature du Catéchiste, avec sa narration postérieure et plus ou moins idéalisée, illustrée dans le Livre des Actes.

La critique moderne reconnaît donc qu'elle doit à l'école de Tübingen une définition plus claire de sa tâche et de sa méthode, en concentrant son attention sur le contraste entre les conceptions pétrinienne et paulinienne de « l'Évangile ». Il faut néanmoins admettre que la plupart des conclusions tirées au départ ont depuis été démenties. Dans leur schéma chronologique des écrits du Nouveau Testament, les critiques de Tübingen ont sous-estimé la force des preuves externes (y compris les premières traditions) et ont mal interprété les preuves internes. De nouvelles découvertes et une étude plus approfondie des relations littéraires ont inversé les vues de Baur quant aux dates des écrits johanniques. Quatre d'entre eux (l'Évangile et trois épîtres) sont anonymes. La date de Baur a été repoussée d'au moins un demi-siècle. La cinquième (Apocalypse) porte le nom de Jean, mais fut vivement contestée comme pseudonyme au deuxième siècle, et même par ses partisans, elle fut datée si tard comme « la fin du règne de Domitien » (95). L'école de Tübingen plaçait l'Apocalypse trente ans plus tôt et l'attribuait à l'Apôtre. La critique moderne revient avec insistance à la date ancienne et considère le livre comme un pseudonyme ou comme écrit par « un autre Jean ».

Encore une fois, les dates relatives des écrits synoptiques (Matthieu, Marc, Luc-Actes) ont été inversées par les critiques de Tübingen, principalement à cause d'une mauvaise application de leur théorie du développement doctrinal ; secondairement, et par conséquent, par une mauvaise interprétation des relations littéraires complexes. La critique actuelle considère comme établi que Marc est le plus âgé des trois, repris par chacun des deux autres. Il y a une unanimité presque égale en ce qui concerne le matériel de discours commun à Matthieu et Luc et diversement combiné par chacun avec Marc, comme tiré indépendamment par eux du livre des « Préceptes du Seigneur », rapporté par Papias comme ayant été compilé par Matthieu. dans la langue hébraïque (*c'est -à-dire* araméenne). La critique des évangiles de Tübingen est ainsi presque entièrement mise de côté au profit de la théorie dite des « deux documents ».

Ainsi en est-il des épîtres pauliniennes de la seconde période. Le doute persiste aux Éphésiens. Certains l'avaient traité de pseudo-Paulinien avant même l'époque de Baur ; mais les propres partisans de Baur s'éloignèrent bientôt de l'application extrême de sa théorie aux preuves internes des Philippiens, des Colossiens et de Philémon. Il est devenu évident que « l'évangile » de Paul comprenait quelque chose de plus que la simple antithèse de la Loi et de la Grâce. Il eut d'autres opposants que les judaïsants et dut défendre sa doctrine contre la perversion des mystiques grécosants ainsi que contre l'opposition des légalistes pharisiens.

Deux générations de recherches et de controverses ont grandement fait avancer la cause des critiques constructives. Parallèlement à une datation plus précise de la littérature, obtenue grâce à un jugement plus impartial des preuves externes et internes, s'est produite une reconstruction de notre conception du cours des événements. Les tendances dans l'Église primitive n'étaient pas seulement deux, mais quatre ; correspondant peut-être à ceux réprimandés par Paul à Corinthe, qui se faisaient appeler respectivement par les noms de Pierre, de Paul, d'Apollos et de Christ. Cela semble probable d'après l'amertume avec laquelle, dans 2e Cor. X. 7 Paul dénonce l'homme qui dit : « Je suis du Christ », que ce cri de fête était employé dans le sens de suivre l'exemple de Jésus en ce qui concerne l'obéissance à la Loi (car même Paul reconnaissait que Christ avait été « fait ministre de la circoncision pour la vérité de Dieu"). Si tel est le cas, le « parti du Christ » corinthien peut être identifié avec ces « ministres de la circoncision » qui niaient à la fois l'apostolat et l'évangile de Paul. En tout cas, ceux « de Céphas » étaient relativement inoffensifs. Ils peuvent être identifiés avec les soi-disant « faibles » des Romains, pour les scrupules desquels Paul exige une telle considération à propos des « pollutions des idoles », tant à Corinthe qu'à Rome. Ses propres adeptes, tant à Corinthe (ceux « de Paul ») qu'à Rome (les « forts ») doivent suivre son exemple non seulement en reconnaissant que : « Aucune idole n'est rien au monde », qu'« il n'y a rien d'impur de ce qui est impur ». lui-même », et que « toutes choses sont licites ». Il convient également de reconnaître les limites de cette liberté. Les limites sont imposées entre autres choses par les scrupules des autres, de sorte que Paul lui-même devient « comme sous la loi » parmi les Juifs, mais « comme sans la loi » parmi les païens. Il ne faut résister aux « faibles » que lorsque l'aveu d'eux-mêmes ou de leurs revendications mènerait à des « disputes douteuses » ou à la reconstruction des murs de séparation qui avaient été démolis par la foi en Christ. Galates lance le cri de guerre d'une liberté menacée. Les Corinthiens (et les Romains à un degré encore plus élevé) montrent la magnanimité du vainqueur.

La question de savoir s'il est possible d'identifier ceux « d'Apollos » à Corinthe avec les débuts de cette perversion hellénistique de l'Évangile paulinien en une théosophie mystique qui est ensuite passée au gnosticisme peut rester une question ouverte. Au moins, nous avons réalisé que les conditions de la croissance de l'Église étaient bien plus complexes que ce que Baur avait imaginé. Il faut notamment distinguer quatre attitudes différentes sur la seule question de l'obligation de la Loi. Il y avait (1) des judaïsants qui insistaient sur la soumission complète à la Loi comme condition du salut, tant pour les Juifs que pour les Gentils ; (2) les imitateurs de Céphas, qui considéraient les croyants de naissance juive comme étant « sous la Loi », mais ne demandaient aux Gentils que la considération que les conditions particulières semblaient exiger ; (3) Les Paulinistes , qui soutenaient que ni les Juifs ni les Gentils ne sont sous la loi, estimaient pourtant qu'il fallait faire preuve de considération envers les scrupuleux lorsqu'on leur demandait non pas de droit, mais de charité ; (4) les radicaux, qui ne reconnaissaient aucune limite à leur liberté, à l'exception du seul nouveau commandement.

Mais alors que le conflit éclata d'abord sur la simple question concrète de la liberté des Gentils, la véritable distinction entre l'Évangile de Paul et celui des apôtres plus anciens était bien plus profonde. La question, telle que la concevaient les critiques de Tübingen, concernait avant tout l' *étendue* du message évangélique : dans quelle mesure le cercle était-il proposé ? La critique moderne en est venue à considérer que la différence était, à un degré plus élevé, une différence de *qualité* . Tout le message de rédemption de Paul par la croix et la résurrection partait d'autres prémisses que celles des apôtres galiléens et était conçu en d'autres termes. C'est pour cette raison qu'elle conduit à une nouvelle christologie. Bref, le passage du christianisme de sa forme juive à sa forme païenne n'est pas un simple élargissement de son champ par l'abolition des barrières particularistes. Le contexte que nous devons étudier pour le comprendre n'est pas tant la simple histoire contemporaine que l'histoire contemporaine *de la religion* . Le développement depuis l'évangile pétrinien largement caractéristique des écrits synoptiques, en passant par les épîtres pauliniennes jusqu'à celui des écrits johanniques, est une transition des conceptions hébraïques aux conceptions hellénistiques de ce qu'est la rédemption et de la manière dont elle s'effectue . La critique moderne exprime le contraste dans sa distinction entre l'Évangile *de* Jésus et l'Évangile *sur* Jésus.

Dans le cas de Paul et de ses prédécesseurs dans la foi, il existe un point de départ commun. C'était la doctrine selon laquelle Dieu avait ressuscité Jésus d'entre les morts et l'avait exalté comme Christ et Seigneur sur le trône de gloire. Ses preuves étaient les phénomènes extatiques de l'Esprit, ces étranges manifestations de « prophétie », de « langues », etc. dans l'assemblée chrétienne. La conclusion de cette foi de résurrection pour un apôtre du groupe galiléen était qu'il devait « enseigner à tous les hommes, partout dans le monde, à observer tout ce que Jésus avait commandé ». Jésus avait été élevé en Israël comme prophète comme Moïse ; Son apôtre doit répéter la parole de commandement et la parole de promesse mémorisées. Il aura une autorité dérivée des manifestations de signes et de prodiges. Celles-ci avaient accompagné la propre carrière de Jésus, et maintenant, par la grâce du don de l'Esprit qu'il a donné à ses disciples, elles seront répétées par leurs mains. L'Évangile « apostolique » est donc avant tout historique. L'Évangile paulinien se concentre sur l'autre pôle de la conviction religieuse. C'est avant tout psychologique. Pour Paul, l'effet immédiat de la révélation du Fils de Dieu « en » lui est une impulsion irrésistible à raconter l'expérience de sa propre âme. L'évangile qu'il prêche n'est pas tant ce que Jésus a fait ou dit lorsqu'il était sur terre, mais plutôt ce que Dieu a fait et fait encore, à travers « l'Esprit vivifiant » qui émane du Seigneur ressuscité. Les signes et les prodiges sont des témoignages de l'Esprit, mais ont moins de valeur et doivent disparaître devant les dons éthiques « permanents ». L'évangile paulinien et pétrinien partent de la confession commune de « Jésus comme Seigneur » ; mais la christologie de la littérature synoptique est une doctrine d'apothéose, retombant sur le Jésus historique. Celle des Épîtres est une doctrine de l'Incarnation, faisant appel à la manifestation éternelle de Dieu dans l'homme. Pour le premier, Jésus était « un prophète puissant en actes et en paroles », suscité par Dieu conformément à la promesse de Deut. XVIII. 18, pour amener Israël à la repentance. Ayant accompli cette mission dans le rejet et le martyre, Jésus avait été élevé à la « droite » de Dieu et « fait à la fois Seigneur et Christ ». Il y attend la soumission de tous ses ennemis. Dans l'Évangile paulinien, l'histoire de Jésus est un drame des régions célestes, dans lequel sa carrière terrestre de prophète, de leader, d'enseignant tombe au niveau du plus simple épisode. En tant qu'esprit préexistant, Jésus avait été dès le début de la création « sous la forme de Dieu ». Alors que la période de sa consommation approchait , Il prit une forme humaine, descendit à travers la souffrance et la mort jusqu'aux plus basses profondeurs du monde souterrain et, par la puissance divine, remonta au-dessus de tous les cieux avec leurs rangs de hiérarchies angéliques. Que Paul lui-même l'ait conçu ainsi ou non, le monde païen n'avait pas d'autres moules de pensée pour formuler une telle christologie que les mythes actuels des dieux Rédempteurs. La valeur de l' *âme individuelle* avait enfin été découverte, et les hommes eurent recours aux anciennes personnifications des forces de la nature pour délivrer cette *âme* nouvellement retrouvée de sa faiblesse et de sa mortalité. Les religions influentes de l'époque étaient celles de la rédemption personnelle par l'union mystique avec un « dieu sauveur » mourant et ressuscité, un Osiris, un Adonis, un Attis, un Mithra. Partout, des religions de ce type supplantaient les anciennes croyances nationales. Les Gentils ne pouvaient pas considérer « le Christ » principalement comme un Fils de David qui restaure le royaume d'Israël, brise les Gentils comme un vase de potier et les gouverne avec une verge de fer. S'il employait ce langage de l'Ancien Testament, cela avait pour lui un sens purement symbolique. Toute la conception a été spiritualisée. Les « ennemis » vaincus étaient les ennemis spirituels de l'humanité, du péché et de la mort ; La « rédemption » n'était pas la délivrance d'Israël de la main de tous ses ennemis, afin que (avec tous ceux qui au loin invoquent le nom de ce Dieu miséricordieux) ils puissent « le servir dans la sainteté et la justice tous leurs jours ». C'était le sauvetage des fils d'Adam de l'esclavage des puissances maléfiques encourues par l'héritage de la chair pécheresse d'Adam. C'était déjà la tendance de l'apocalypse juive. Le point de départ des propres conceptions de Paul n'était pas l'esclavage d'Israël en Égypte, mais une conception déjà teintée, comme le dernier livre de philosophie juive appelé la Sagesse de Salomon, avec la conception stoïcienne de la « chair » comme prison de « l'esprit », ' déjà enflammé, comme les apocalypses juives contemporaines d'Esdras et de Baruch, avec des visions sinistres d'un univers sauvé par une puissance surhumaine de l' esclavage d'un règne démoniaque. La prédication de Paul a été concrétisée par sa propre expérience. Car s'il y a jamais eu un évangéliste dont le message était sa propre expérience, c'était bien Paul. Et l'expérience de Paul n'était pas tant celle d'un juif palestinien que celle d'un helléniste, dont toute l'idée de « rédemption » a été inconsciemment universalisée, individualisée et spiritualisée au contact de la pensée grecque et hellénistique. Paul et les apôtres galiléens n'étaient pas très éloignés dans leurs attentes concernant l'avenir. Tous deux regardaient le ciel. Mais pour son autorité, Paul regardait inévitablement vers l'intérieur, tandis que les apôtres galiléens regardaient en arrière.

Il est sans espoir, au stade actuel de notre connaissance de l'histoire de la religion, en particulier de la propagation des divers « mystères » et religions de rédemption personnelle au début de l'Empire, de nier ce contraste entre l'évangile de Paul et l'évangile des « apôtres ». et les anciens de Jérusalem. » C'est faire preuve d'une courte vue que de négliger son importance dans la transition de la foi. Alors que le judéo-chrétien avait pour fond principal l'histoire nationale, plus ou moins transcendantalisée sous les formes de l'apocalypse, celui de Paul avait pour fond principal la mythologie spéculative du monde hellénistique, plus ou moins adaptée aux formes du judaïsme. Seule l'ignorance de la fonction de la mythologie, en particulier telle qu'elle était alors utilisée pour exprimer l'aspiration de l'âme à la pureté, à la vie et à la communion avec Dieu, peut faire apparaître ces idées religieuses mythologiquement encadrées comme un véhicule inapproprié pour transmettre le sens que Paul a de la signification du message de Jésus . et la vie du "Son Ship". Ils étaient au moins la meilleure expression que cette époque et cet environnement pouvaient offrir du plus grand Royaume que Dieu avait proclamé dans la résurrection du Christ et qu'il était en train de réaliser par l'effusion de Son Esprit.

La critique moderne doit donc reconnaître que les débuts de notre religion n'étaient pas un simple élargissement du judaïsme par l'abolition des barrières de la Loi, mais une fusion des deux grands courants de pensée religieuse distinctifs du monde juif et du monde hellénistique dans une unité supérieure. . Le « mariage de l'Europe et de l'Asie » tant espéré par Alexandre fut enfin consommé dans le domaine de la religion lui-même. Le judaïsme dénationalisé a contribué à l'idéal social : l'espoir messianique d'un Royaume de Dieu mondial. C'est la digne contribution d'une religion nationale hautement éthique. L'hellénisme a apporté l'idéal individuel : la rédemption personnelle en union mystique avec la vie de Dieu. Il s'agit d'un concept dérivé de la conscience nouvellement éveillée des Grecs d'une personnalité angoissante pour être délivrée de l'esclavage du matériel et du transitoire, étrangère et dégradante à sa vie propre. Le critique devenu historien des idées verra ici son étude de la littérature de l'époque apostolique et post-apostolique s'élargir dans une perspective d'une ampleur et d'une signification insoupçonnées. Il verra comme les deux grandes divisions de son sujet, (1) l'évangile *de* Jésus, représenté, nous dit-on, dans les premiers débuts du développement littéraire par une compilation araméenne des Préceptes du Seigneur par l'apôtre Matthieu, circulant peut-être même avant les grandes épîtres pauliniennes parmi les églises palestiniennes ; (2) l'évangile *de* Jésus, représenté dans les épîtres pauliniennes, et celles-ci basées sur l'expérience personnelle de leur auteur. C'est un évangile de l'action de Dieu « en Christ, réconciliant le monde ». Il interprète la personnalité de Jésus et son expérience de la croix et de la résurrection comme des manifestations de l'idée divine. L'interprétation emploie hellénistiquement formes de pensée colorées , et est obligé de se défendre d'abord contre la sujétion au légalisme, puis contre la perversion vers une théosophie superstitieuse et contraire à l'éthique. Mais il est certain que la doctrine *sur* Jésus, interprétant la signification de sa personne et de son œuvre comme le point culminant de la rédemption par la demeure de Dieu dans les hommes et parmi les hommes, appartient autant à l'essence du christianisme que l'évangile d'amour et de foi proclamé par *Jésus* .

Outre ces deux principaux types d' Évangile et leurs combinaisons subordonnées, l'historien critique peut voir émerger finalement un type d'Évangile « spirituel », se développant sur le sol des Gentils et recevant en fait sa première expression littéraire dans les premières années du deuxième siècle, au tout début. siège du champ de mission paulinien. Ce troisième type se veut exhaustif des deux autres. Il s'agit essentiellement d'un évangile sur Jésus, bien qu'il prenne la forme, comme expression littéraire principale, d'un évangile prêché par Jésus. Le quatrième évangéliste est le véritable successeur de Paul, bien que les conditions de l'époque l'obligent à dépasser la forme littéraire de l'épître et à construire un Évangile dans lequel apparaîtront les deux éléments de la tradition sacrée, les paroles et les œuvres, les préceptes et le ministère salvateur de Jésus. Mais ce n'est pas dans un sens mécanique ou servile que le quatrième évangéliste fait appel à cette autorité suprême. Il élève l'ensemble du message au-dessus du niveau du simple légalisme baptisé, tout en le préservant de la licence effrénée de la théosophie gnostique, appliquant à cette fin sa doctrine du Logos incarné. Sa base est la psychologie ainsi que l'histoire. C'est la Vie qui est la lumière des hommes, cette vie dont la source est Dieu, et qui imprègne et rachète Sa création ; même « la vie éternelle qui était avec le Père et qui nous a été manifestée ».

Dans le regroupement critique de nos écrits du Nouveau Testament, l'Évangile et les épîtres de Jean ne peuvent donc occuper une place non moindre que celle de la clé de voûte de l'arc.

En résumé : la littérature de l'Apôtre a dû son développement précoce et sa longue persistance parmi les Églises pauliniennes d'Asie Mineure et de Grèce, à l'impulsion et à l'exemple de l'autorité apostolique de Paul. La littérature de l'Instructeur et du Prophète, qui s'est développée autour de Jérusalem et de ses églises filles à Antioche et à Rome, en est venue lentement à surpasser en influence le « commandement des apôtres », à mesure que l'Église devenait de plus en plus exclusivement dépendante d'elle pour « l'enseignement ». du Seigneur." C'était la fonction du grand « théologien » d'Éphèse (comme on l'appelait très tôt), reliant l'autorité des deux, de fournir la base fondamentale de   la   foi   catholique.

DEUXIEME PARTIE

LA LITTERATURE DE L'APÔTRE

CHAPITRE III

PAUL COMME MISSIONNAIRE ET DÉFENSEUR DE L'ÉVANGILE DE GRÂCE

Le passage le plus essentiel pour l'appréciation historique de la grande période de l'activité missionnaire de Paul et de sa littérature est la rétrospection de sa carrière d'apôtre des Gentils et de défenseur d'un évangile « sans le joug de la Loi » dans Gal. je .-ii. Il faut surtout observer le contraste entre ceci et le récit très différent des Actes ix.-xvi.

Galates vise à contrecarrer les empiètements de certains intrus judaïsants sur le champ de Paul, et semble avoir été écrit depuis Corinthe, peu de temps après son arrivée là-bas (*c.* 50) lors du deuxième voyage missionnaire (Actes XV. 36-XVIII. 22). Nous considérons que « les églises de Galatie » sont celles fondées par Paul en compagnie de Barnabas lors du premier voyage missionnaire (Actes XIII-XIV), et revisitées avec Silas après une division du territoire récemment évangélisé par laquelle Chypre avait été laissée à Barnabas et Mark (Actes XV. 36-XVI. 5 ; *cf.* Gal. IV. 13).

La rétrospective comprend deux parties : (1) une preuve de l'origine divine de l'apostolat et de l'évangile de Paul par l'indépendance de sa conversion et de sa carrière missionnaire ; (2) un récit de sa défense de son « évangile d'incirconcision » aux deux occasions où il avait été menacé. En visitant Jérusalem pour la deuxième fois, environ quinze ans [7] après sa conversion, il obtint de ses « piliers », Jacques, Pierre et Jean, une approbation sans réserve, quoique « privée ». A Antioche, il surmonta ensuite une opposition renouvelée en révélant publiquement l'incohérence de Pierre, qui avait été gagné par les réactionnaires.

Les Actes renversent le point de vue de Paul, faisant de sa carrière, à l'époque de l'évangélisation sans entrave, un travail pour les seuls Juifs, dans une totale dépendance des Douze. Cela exclut pratiquement la période d'opposition par une détermination du statut de Gentil dans un « Conseil apostolique ». Paul est représenté comme acquiesçant simplement à cette décision.

Comme le décrit Paul, toute la période précédente de quinze années avait été occupée par l'effort missionnaire en faveur des *Gentils* , d'abord à Damas, puis « dans les régions de Syrie et de Cilicie ». Elle ne fut interrompue que par un voyage « en Arabie », et plus tard, trois ans après sa conversion, par une visite privée de deux semaines à Pierre à Jérusalem. C'est dans cette période que doivent tomber la plupart des voyages et aventures du 2e Cor. XI. 23-33. C'était pratiquement sans contact avec la Judée . Son « évangile » était ce que Dieu seul lui avait enseigné à travers une manifestation intérieure de Jésus ressuscité.

Comme le décrit Luc [8], toute cette période fut consacrée à l'évangélisation des *Juifs de langue grecque*, principalement à Jérusalem. C'était le domaine choisi par Paul, travaillé sous la direction des « apôtres ». Ce n'est que contre son gré qu'il fut chassé pour se réfugier à Tarse, d'où Barnabas, qui l'avait présenté le premier aux apôtres, l'amena à Antioche. Il n'y avait pas de mission des Gentils jusqu'à ce que Barnabas et lui soient devenus ses « apôtres » par cette église. Cette mission était sous la direction expresse de « l'Esprit » (Actes ix. 19-30 ; xi. 25 *s.* ; xiii. 1-3 ; *cf.* xxii. 10-21). L'apostolat de Paul auprès des Gentils commence donc, selon Luc, avec le premier voyage missionnaire, lorsqu'en compagnie (et d'abord en subordination de) Barnabas, il évangélise Chypre et le sud de la Galatie. Les deux sont des agents d'Antioche, avec des « lettres de recommandation » des « apôtres et des anciens de Jérusalem » (Actes XV. 23-26). Paul n'est pas un apôtre du Christ au même sens que les Douze (*cf.* Actes I . 21 *s.*). Il est un « vase de l'Esprit » providentiel, ordonné « par les hommes et par les hommes ». Son évangile est celui de Pierre inchangé (*cf.* Actes xxvi. 16-23).

La disparité est encore plus grande en ce qui concerne la période d'opposition. Luc en retarde légèrement le début et anticipe très largement sa suppression. De plus, il fait accepter à Paul une solution que ses lettres rejettent catégoriquement.

Selon les Actes, il n'y avait pas d'opposition avant le premier voyage missionnaire, pour l'excellente raison qu'il n'y avait pas eu de propagande gentile. [10] Il n'y eut aucune opposition après que le Concile fut appelé à l'examiner (Actes XV.), pour la raison décisive que « les apôtres et les anciens » n'ont laissé aucun sujet de dispute. Dès que les objections furent soulevées, l'Église d'Antioche posa la question devant ces autorités, envoyant Paul et Barnabas témoigner. Sur leur témoignage de la grâce de Dieu parmi les païens, Pierre (se réclamant explicitement (!) de cet apostolat spécial, Actes XV, 7) propose une reconnaissance inconditionnelle de la liberté des païens, en se référant au précédent de Corneille. En cela, il y eut un acquiescement général. En fait, la question avait déjà été tranchée auparavant (Actes xi. 1-18). Le seul point entièrement nouveau était celui soulevé par Jacques en faveur des « Juifs parmi les Gentils » (Actes XV. 21 ; *cf.* XXI. 21). Pour eux, il est jugé « nécessaire » de limiter la liberté des Gentils sur quatre points. Ils doivent s'abstenir de trois viandes interdites et de la fornication, car elles véhiculent la « pollution des idoles ». La « nécessité » réside dans le fait que *la liberté par rapport à la Loi n'est pas concédée aux Juifs* . Ils seront (involontairement) souillés s'ils mangent sans protection avec leurs frères païens. "La fornication" est ajoutée parce que (selon les mots d'un ancien chrétien juif) elle "diffère de tous les autres péchés en ce sens qu'elle souille non seulement le pécheur, mais aussi ceux qui le mangent ou s'associent *avec lui* ". Paul et Barnabas, selon Luc, acceptèrent volontiers ces « décrets », et Paul les distribua « pour les conserver » parmi ses convertis en Galatie (!). *Pierre* est l'apôtre des païens. Antioche et Jérusalem tranchent la question de leur statut. Les termes de la bourse sont ceux de *James* et Peter.

Paul ne fait aucune mention du Concile ou des « décrets ». Ses conditions de bourse excluent positivement les deux. Il s'en remet à la Conférence privée et met à nu l'histoire d'une lutte atroce pour rendre effective la reconnaissance de l'égalité et de l'indépendance du christianisme païen. La lutte est le résultat de sa résistance aux émissaires « de Jacques » à Antioche, qui avaient amené tous les éléments juifs de cette église mixte, y compris Pierre et « même Barnabas », à des conditions de communion acceptables pour les Colonnes. Après la collision d'Antioche, Paul quitte les « régions de Syrie et de Cilicie » et transfère le théâtre de ses efforts missionnaires vers le monde grec, entre la chaîne du Taurus et l'Adriatique. Au cours des dix années suivantes, nous le voyons d'un côté mener une mission indépendante, proclamant la doctrine de la Croix comme inaugurant une nouvelle ère, dans laquelle la loi a été abolie, et où Juifs et Gentils ont « accès dans un seul Esprit au Père ». " De l'autre, il défend cet évangile de « grâce » contre des détracteurs judéo-chrétiens sans scrupules, et s'efforce de concilier les différences entre ses propres partisans et ceux de « la circoncision » qui ne sont pas activement hostiles, mais se sont seulement « offusqués ». Tout au long de cette période, jusqu'à son arrestation à Jérusalem qui met fin à sa carrière d'évangéliste, Paul se tient seul en tant que champion de la liberté et de l'égalité sans restriction des Gentils. Il ne peut admettre des conditions de bourse qui impliquent le maintien de la dispense légale. Les chrétiens juifs peuvent observer la circoncision et les coutumes s'ils le souhaitent ; mais il ne peut pas les considérer ou les recommander comme conférant le moindre avantage aux yeux de Dieu. Il n'admettra pas la doctrine du salut par la foi *et* les œuvres de la loi. Les Juifs aussi bien que les Gentils doivent être « morts à la loi ». Il n'y a de « justification » que « par la foi, *sans* les œuvres de la loi ». [11]

A moins d'appréhender distinctement la différence profonde, mise en évidence presque par hasard par cette question du Juif (converti) parmi les Gentils et de son obligation de manger avec son frère Gentil, une différence entre le christianisme « apostolique » comme le dit Luc, et « l'évangile ». de Paul, nous ne pouvons pas avoir une appréciation adéquate des grandes épîtres produites pendant cette période de conflit. La base de l'image agréable de la paix et de la concorde que donne Luc est une conception fondamentalement différente de la relation entre la Loi et la Grâce. Paul et Luc soutiennent tous deux que les commandements mosaïques ne lient pas les *Gentils* . Le point de différence – et le propre récit de Paul sur sa conférence avec les piliers montre que l'idée de Luc est aussi la leur ; Sinon, pourquoi aurait-il besoin d'une division des « sphères d'influence » ? C'est la doctrine de Paul selon laquelle le Juif croyant *aussi bien que le Gentil* est « mort à la Loi ». Et cette doctrine n'a jamais été acceptée au sud de la chaîne du Taureau.

L'accord et l'union étaient assurés de se produire, ne serait-ce que par la disparition rapide de l'Église après 70 après J.-C. de l'élément circoncis, et par la prise de conscience progressive en « Syrie et Cilicie » de l'impraticabilité du plan Jérusalem-Antioche consistant à exiger des Gentils qu'ils rendent leurs tableaux inoffensifs pour le légaliste. Si seulement la participation de Paul et Barnabas était exclue du récit des Actes XV. (ou mieux, rétabli dans sa séquence appropriée après Actes xi. 30), nous avons toutes les raisons d'accepter le récit de Luc sur un concile apostolique tenu à Jérusalem peu de temps après que « Pierre soit venu à Antioche » pour établir entre les églises du nord et du sud de la Syrie la question épineuse de savoir si le Juif chrétien mange ou ne mange pas avec les Gentils. Il est presque certain que la Syrie a adopté ce modus vivendi pour « les frères païens *d'Antioche, de Syrie et de Cilicie* » (Actes XV, 23) ; car on y retrouve sa progressive obsolescence. Dans l'Apocalypse (un livre d'origine palestinienne réédité à Ephèse *c.* 95 ; *cf.* Apocalypse ii. 14, 20, 24) dans l' *Enseignement des Douze* (125), et dans le texte « occidental » des Actes XV. (150 ?) il y a une réduction progressive du « fardeau ». Il est finalement demandé aux Gentils de ne faire presque rien de plus que ce que Paul avait exigé pour des raisons morales, sans reconnaître la validité des « distinctions entre les viandes ». En AD 120, le « fardeau » est : « Concernant les viandes, garde ce que tu peux ; mais abstiens-toi en tout cas des choses offertes aux idoles, car c'est la nourriture des dieux morts. »

Mais si l'on prend le récit de Luc sur la façon dont la paix a été rétablie, avec son implication selon laquelle l'Évangile paulinien tel qu'il s'est développé dans la chrétienté grecque entre la chaîne du Taureau et l'Adriatique n'était rien de plus qu'une branche de la souche mère de l'Église « apostolique » de « Syrie et Cilicie", ce serait comme considérer l'histoire des États-Unis du point de vue d'un impérialiste britannique d'une période de réunion anglo-saxonne en 2000 , qui devrait complètement omettre la guerre d'indépendance américaine, estimant que Washington et Franklin, après avoir témoigné avant que le Parlement n'accepte pour les colonies un plan de règlement préparé par un gouvernement libéral qui réduisait au minimum les exigences odieuses des tories.

L'histoire de cette période de développement de « l'évangile » indépendant de Paul et de ses églises indépendantes est si vitale et si confuse par des générations d'« harmonisateurs » bien intentionnés, que nous devons prendre le temps de comparer une fois de plus la théorie de Luc sur la le processus de retrouvailles avec Paul.

Dans les Actes, Paul adopte précisément le point de vue de Pierre et Jacques. Il est lui-même « sous la Loi ». Il ne l'ignore *pas*, même parmi les Gentils. Au contraire, il donne l'exemple d'une légalité scrupuleuse aux Juifs parmi les Gentils, lui-même « marchant avec ordre, observant la Loi ». La déclaration selon laquelle il « leur apprend à abandonner Moïse, leur disant de ne pas circoncire leurs enfants, ni d'obéir aux coutumes » est une calomnie (!) qu'il profite de l'occasion publique pour réfuter (Actes XXI. 20-26). Devant le Sanhédrin, il se déclare catégoriquement un pharisien cohérent (Actes xxiii. 1, 6) ; devant Félix et Festus, irréprochables selon les normes de la Loi et des Prophètes (xxiv. 14-16 ; xxv. 8) ; devant Agrippa, un pharisien strict dans sa conduite jusqu'à présent (xxvi. 5, 22 *s.*). Tite, dont Paul résistait vigoureusement à la circoncision, n'est jamais mentionné dans les Actes. A l'inverse, Timothée (un juif uniquement du côté de sa mère) Paul "a pris et circoncis" immédiatement après le concile de Jérusalem "à cause des Juifs qui étaient dans ces régions" (Galatie !). Sa visite avec Barnabas à Jérusalem n'est pas motivée par une opposition aux missions des Gentils, bien qu'elle se situe entre la mission de Barnabas depuis Jérusalem pour enquêter sur les rapports alarmants sur les conversions des Gentils à Antioche, et le premier voyage missionnaire dans lequel les deux emmènent avec eux Marc, qui les avait accompagnés depuis Jérusalem. Non; selon Luc Gentile, les missions n'existaient pas encore [12] (!). Cette visite (celle de la Conférence, Gal. ii. 1-10) avait simplement pour but de transmettre un don de l'église d'Antioche à celle de Jérusalem à cause de la famine « à cette époque » (elle eut lieu en 46-47). A l'inverse, la grande « offrande des Gentils » faite au risque de la vie de Paul en compagnie des délégués de chaque province de son champ, comme offre de paix, entreprise qui occupe une si grande place dans son effort et ses lettres de cette période (1 Cor. XVI, 1-6 ; 2 Cor. 8-9 ; Rom. XV. 15, 16, 25-32), n'a dans les Actes aucun rapport avec la controverse – car la démonstration du légalisme exemplaire de Paul dans le temple est simplement accessoire. Le cadeau que Paul a apporté était « l'aumône à ma nation » (!) (Actes xxiv. 17). Le lecteur se demande en vain ce qui nécessite ce dangereux voyage. Les seuls motifs attribués sont un vœu nazaréen assumé à Cenchreæ (XVIII. 18; XXI. 24) et le respect des fêtes juives (XX. 16).

Le fond historique dans lequel le lecteur moderne doit situer les grandes lettres de Paul de la première période est manifestement quelque chose de tout à fait différent du simple récit non passé au crible des Actes. Leur véritable origine réside dans une profonde différence dans l'idée que Paul se fait de « l'Évangile » et dans la nécessité de défendre son indépendance et celle des Églises païennes fondées sur lui. La différence trouve son origine dans la propre expérience religieuse de Paul. Elle a trouvé sa première expression dans son antithèse entre Loi et Grâce, sa doctrine selon laquelle la croix marque l'abolition de l'économie du Droit.

Tant dans les Galates que partout ailleurs, Paul traite sur un pied d'égalité avec les représentants de « l'apostolat de la circoncision ». Il dénonce Pierre et « le reste des Juifs », y compris « même Barnabas », à Antioche, après qu'ils se soient retirés de la communion avec les Gentils afin de préserver leur « pureté » légale, et le point de la dénonciation est que cela est incompatible avec *leur* abandon (implicite) de la Loi comme moyen de salut alors qu'ils « cherchaient à être justifiés par la foi en Christ ». Cela rend leur conduite non seulement incohérente mais lâche et « hypocrite ».

Il s'agit ici de quelque chose de bien plus profond qu'une simple question de politique. L'attitude de Paul montre que depuis le début il a vraiment prêché « un évangile différent ». Un évangile *sur* le Christ dans lequel le fait central est la croix comme signe de l'abolition d'une dispensation de la Loi dans laquelle Juifs et Gentils étaient dans une relation servile avec Dieu, sous des « intendants et gouverneurs » angéliques (ou démoniaques) et les inauguration d'une dispensation de Grâce, dans laquelle tous ceux qui ont « la foi » et reçoivent par le baptême le don de « l'Esprit », sont ainsi adoptés pour être les fils de Dieu. A côté de ce drame cosmique de la croix et de la résurrection dans lequel Dieu révèle son dessein rédempteur pour le monde, la simple inculcation du joug facile de Jésus comme nouvelle Loi, simplifiant et complétant l'ancienne en rétablissant la doctrine du pardon pour le croyant repentant (*cf.* (Matt. xxviii. 20 ; Actes X. 42 *s.* ; xiii. 39 ; xxvi. 22 *s.*) ne semble qu'un demi-évangile.

Paul ne peut jamais renoncer à l'indépendance de son message donné par Dieu, ni à la liberté avec laquelle Christ a rendu libres tous les croyants en abolissant l'économie de la loi et en faisant d'eux des « fils » par l'Esprit. Et pourtant, il est encore plus déterminé à réaliser la paix et la réunion que les apôtres « de la circoncision » ; seulement il a un plan différent. Paul et ses églises s'appuient sur la Conférence de Jérusalem, et non sur le « Conseil apostolique ». La Conférence est leur Magna Carta. Sa reconnaissance de l'évangile indépendant et de l'apostolat de Paul comme non moins divins que ceux de Pierre est leur garantie de liberté et d'égalité ; sa demande d'aide fraternelle est leur promesse de fraternité.

Des approches ont été faites des deux côtés. Il est vrai que la tentative peu judicieuse des judaïsants d'assurer l'unité par un renouveau de leur propagande de la Loi, séduisant les églises grecques de leur loyauté envers Paul et son Évangile, n'a provoqué de sa part que des foudres telles que celles des Galates, avec sa défense de "la liberté avec laquelle Christ nous a affranchis", ou 2e Cor. X. 1 à XIII. 10, avec sa dénonciation des « ministres de Satan ». La paix par l'abandon n'était pas dans l'esprit de Paul. Mais la tentative sincère des disciples de Pierre de trouver un *modus vivendi* , même s'ils n'osaient pas revendiquer pour eux-mêmes la liberté de la Loi, trouva Paul prêt à faire plus que la moitié du chemin. Ses épîtres ne sont pas plus remarquables par leur défense acharnée de la liberté de la filiation que par leur insistance sur l'obligation de l'amour fraternel. Ses églises doivent non seulement être moralement pures pour leur propre bien, mais doivent également éviter d'offenser les plus scrupuleux. Même ce que permet la liberté chrétienne doit être sacrifié aux scrupules des « faibles », pourvu que ce ne soit pas « à des disputes douteuses » ou exigé de droit. Depuis 1 Thessaloniciens (Corinthe, AD 50), où, en l'absence de toute opposition judaïsante, Paul expose simplement son simple évangile de la résurrection et du jugement à venir, sans être affecté par les questions de Loi et de Grâce, jusqu'aux Galates avec sa polémique sublime pour le liberté des fils, à la correspondance corinthienne, avec son insistance sur le devoir de considération et de patience, sa note d'amour plus forte, sa révélation des efforts étendus et acharnés de Paul pour promouvoir sa grande « offrande », jusqu'aux Romains, où le « l'offrande des Gentils » est prête à être faite (Rom. XV. 16-33), et Paul se prépare assidûment à entrer dans un grand nouveau champ déjà partiellement occupé, en présentant une déclaration complète et superlativement conciliante de l'ensemble de son « évangile » (I. 15-17), il y a des progrès constants vers la « paix » et « l'acceptation » qu'il espère trouver à Jérusalem. Les épîtres ultérieures, avec leurs différentes phases de conflit, l'attitude même du christianisme « apostolique » envers Paul, telle qu'elle est exposée dans les Actes, rendent incroyable que l'unité substantielle n'ait pas été en fait assurée. [13] Nous ne pouvons, en effet, accepter la représentation de Paul selon Luc accomplissant le cérémonial nazaréen dans le temple afin de prouver *qu'il n'enseigne pas que la Loi ne lie pas les Juifs* . Mais il ne s'ensuit pas que Paul n'ait peut-être pas fait même cela pour prouver que son principe d'accommodement envers les faibles (1 Cor. ix. 19-22) laissait une large place à la communion avec le chrétien juif - sauf lorsque (comme avec Pierre et Barnabas à Antioche), les scrupules inutiles du légaliste furent un prétexte pour « contraindre les Gentils à vivre comme les Juifs ».

Si l'unité avait été atteinte grâce au processus simple imaginé par Luc, l'acquiescement obéissant de Paul et des Gentils au verdict divinement inspiré des « apôtres et des anciens de Jérusalem », le christianisme aurait été une chose infiniment plus pauvre qu'il ne l'est devenu. En effet, on peut se demander si un évangile de simple simplification, extension et supplémentation de la Loi aurait jamais permis une conquête permanente du monde païen. C'est parce que Paul s'est prononcé sur cette question des « viandes » pour le droit égal de son évangile indépendant, refusant de se soumettre jusqu'à ce que ses dix années de grand travail d'évangélisation par la langue et la plume aient fait du christianisme des Gentils un facteur au moins égal à celui de l'évangélisation. juive, que notre religion s'est enrichie de sa souche hellénistique. La compréhension plus profonde de la signification réelle de l'œuvre et du destin de Jésus, née de l'expérience particulière de Paul et de sa compréhension hellénistique de l'Évangile, s'est incarnée dans les débuts de la littérature du Nouveau Testament. Les écrits de cette période doivent donc être considérés dans le contexte d'une histoire critique. Le récit de Luc, rédigé dans l'intérêt de l'autorité « apostolique », doit recevoir les modifications requises par les documents contemporains.

Reprenant l'histoire au point de divergence, nous voyons Paul et Barnabas revenir à Antioche après la Conférence avec les Colonnes, le cœur heureux, et espérant maintenant reprendre le travail pour les Gentils sans obstacle. Outre Titus, Jean-Marc de Jérusalem, neveu de Barnabas, les accompagnait. Suit le voyage missionnaire à Chypre et dans le sud de la Galatie, Marc retournant cependant à Jérusalem après avoir quitté Chypre.

C'est probablement pendant l'absence des missionnaires que « Pierre vint à Antioche » et, au début, suivit la pratique paulinienne consistant à ignorer les « distinctions de viandes ». Plus tard, à l'arrivée de certains « de Jacques », il « se retira et se sépara, craignant ceux de la circoncision ». Alors que les choses en étaient à ce stade, Paul et Barnabas réapparurent sur la scène. Paul a jugé nécessaire de réprimander Pierre « ouvertement, devant tous ». Barnabas, ancien chef de l'Église d'Antioche, prit parti pour Pierre et « le reste des Juifs », déterminant sans aucun doute l'attitude de l'Église ; car Paul ne dit rien de les convaincre par son argument, mais se contente de le retourner immédiatement contre les Galates eux-mêmes. De plus, Barnabas prend désormais Chypre comme champ de mission, avec Marc comme assistant, tandis que Paul et son nouveau compagnon, Silvain (dans les Actes « Silas », porteur des « décrets » de Jérusalem), prennent la moitié nord du nouveau pays. territoire évangélisé, et, malgré beaucoup de difficultés et d'oppositions, se dirige vers les côtes de la mer Égée .

Cette deuxième visite aux églises de Galatie (Actes XVI, 1-5) fut signalée par des avertissements contre la (possible) prédication d'un « autre évangile » (Gal. I, 9) ; car Paul avait des raisons de s'attendre à des ennuis de la part des « faux frères ». Si l'on en croit les Actes, cela a également été marqué par une preuve extraordinaire de la volonté de Paul de « devenir tout à tous les hommes » dans l'intérêt de la conciliation. Il aurait circoncis un demi-juif galate nommé Timothée. Si tel est le cas, ce n'était certainement pas pour prouver son respect de l'exigence légale, mais plutôt son indifférence. "La circoncision n'est rien et l'incirconcision n'est rien ; seulement la foi agissant par l'amour." Mais ces « accommodements » généreux de Paul ont produit davantage de fausses déclarations que de conciliation. Il eut plus tard des raisons de regretter sa libéralité (Gal. I. 10 ; v. 11 *s.* ; *cf.* 1er Cor. VII. 18).

Un obstacle inexpliqué (Actes XVI, 6) empêchait Paul d'entrer dans la Province d'Asie à cette époque. Éphèse, son objectif probable, était peut-être déjà occupée (XVIII, 24-28). Il se tourna vers le nord à travers la Phrygie-Galatie, dans l'espoir de trouver un champ en Bithynie, mais fut de nouveau déçu. C'est à Troas, à l'extrémité même de l'Asie, que se produisit le tournant de la fortune des missionnaires. Encouragés par une vision, ils traversèrent la Macédoine et trouvèrent des champs blancs pour la moisson.

Les épîtres à Thessalonique s'adressent à une de ces églises macédoniennes de Corinthe, où les missionnaires ont été conduits. Timothée avait été renvoyé d'Athènes alors que les tentatives répétées de Paul de revenir avaient échoué, et il vient d'arriver avec de bonnes nouvelles de la persévérance de l'Église malgré une persécution fomentée par les Juifs. C'est contre eux, apparemment, et non contre les détracteurs judéo-chrétiens, que Paul défend son caractère et son message (1 Thess. ii. 1-13). Il y a aussi un avertissement urgent contre la fornication (iv. 1-8) et une exhortation à abonder en amour (iv. 9-12), avec une correction de la tendance naturelle des Grecs à mal comprendre l'eschatologie juive et la doctrine de la résurrection (iv. 13— v. 1-11 ; *cf.* 1er Cor. XV.). Les remontrances finales concernent la direction des réunions de l'église et la discipline.

2 Thessaloniciens corrige et complète l'eschatologie de 1 Thessaloniciens en y ajoutant une doctrine de l'Antéchrist, en tout cas profondément juive et antérieure à 70, date à laquelle fut détruit le temple dans lequel on attend la manifestation de « l'homme du péché ». C'est la seule des épîtres de cette période dont l'authenticité est sérieusement remise en question par l'érudition critique. Le fait que l'ensemble du contenu couvre moins de 3 pour cent montre à quel point cela affecte peu la question de « l'évangile » de Paul. des épîtres antérieures, alors que le sujet n'est qu'un simple détail.

Il est bien plus significatif d'observer la correspondance étroite entre la prédication missionnaire de Paul telle que décrite ici par lui-même (1 Thess. I . 9 *s.*) et le message apostolique général (*kérygme*) tel que décrit par Luc (Actes X. 42 *s.* ; XIV. 15-17 ; XVII. 24-31). Là où il n'y a pas de judaïsants, il n'y a aucune référence aux dispensations de la Loi et de la Grâce et à l'abolition des premières sur la Croix. La doctrine est l'évangile commun de la Résurrection, dans lequel Jésus s'est manifesté comme le Messie. La foi en lui garantit le pardon au repentant ; tous les autres sont condamnés à périr dans le jugement montré par sa « manifestation » proche (*cf.* 1er Cor. XV. 11 ; Rom. I. 3-5).

Galates a été écrit légèrement avant (ou après ?) les lettres à Thessalonique. Son thème unique (après la rétrospection) est l'Adoption au Fils par l'Esprit. Contre l'argument des judaïsants selon lequel pour partager l'héritage il faut être adopté (de préférence par circoncision) dans la famille d'Abraham, ou en tout cas respecter la loi mosaïque, Paul affirme le seul fait de l'adoption de l'Esprit. « C'est parce que vous êtes des fils que Dieu a envoyé l'Esprit de son Fils dans nos cœurs criant (dans les expressions extatiques des « langues ») Abba, c'est-à-dire Père » (Galates 4, 6). Revenir aux observances légales, c'est passer de la rédemption à la servitude. Tous les chrétiens sont effectivement fils d'Abraham, mais seulement en tant que participants de sa confiance en Dieu. Abraham fut fait « héritier du monde » (Rom. iv. 13) à cause de sa foi. La circoncision et la Loi sont venues ensuite. Il ne s'agissait pas de stipulations et de conditions superposées à la promesse. Au contraire, il s'agissait de mesures pédagogiques temporaires destinées à produire la conscience du péché et de la mort (morale), afin que lorsque l'Héritier viendrait, les hommes soient prêts à s'en remettre à la miséricorde de Dieu manifestée dans sa mort indirecte. [14] Ainsi, la Rédemption messianique est une rédemption d'un système aboutissant au péché et à la mort. Sur la croix, même le Christ sans péché a encouru la malédiction afin que les croyants ainsi rachetés puissent avoir la bénédiction de la promesse abrahamique (Galates iii. 1-iv. 7).

Mais ce transfert de l'esclavage à la liberté, de la relation juridique à la relation filiale, ne « fait pas du Christ un ministre du péché ». Au contraire, si l'Esprit libérateur du Fils a été reçu, il contrôle la vie pour la pureté et l'amour. On ne peut pas être un fils et être infidèle ou fraternel. L'unité du monde racheté en Christ est l'unité du service aimant, et non de la soumission à un système de règles révolu (iv. 8-vi. 18). Ainsi les Galates répondent-ils au plaidoyer insidieux des judaïsants et à leurs accusations contre la liberté paulinienne.

L'Église fondée par Paul à Corinthe (Actes XVIII, 1-17) était fondée dès le début sur cette doctrine de la Croix. Paul s'y est volontairement limité (1er Cor. I. 17-25 ; II. 1-5). Il avait en effet une vision du monde, dont nous apprenons davantage dans les Épîtres de la Captivité, une philosophie révélée par l'Esprit comme un « mystère de Dieu ». Ceux qui, plus tard, à Corinthe, se disaient disciples « d'Apollos », n'avaient rien à lui apprendre sur ce point. Mais l'examen de cette tendance grécossante, qui aboutit trop souvent à une simple « philosophie et à une vaine tromperie selon les éléments du monde et non selon Christ » (Col. II, 8), doit être différée, en faveur de questions qui deviennent plus immédiatement urgentes . . Car après que Paul eut quitté Corinthe pour faire une brève visite via Éphèse à Césarée et Antioche, et qu'il revint par les églises galates désormais pacifiées pour faire d'Éphèse son quartier général permanent (Actes XVIII, 18-23), il reçut des nouvelles inquiétantes sur les conditions de vie à Corinthe. . Sous Apollos (maintenant à Éphèse avec Paul), un converti d'Alexandrie complètement endoctriné par l'évangile de Paul (Actes XVIII, 24-28), l'église avait prospéré, mais des discussions avaient par la suite éclaté, aboutissant à une lettre à Paul lui demandant son avis sur des points controversés. En plus de cela, il y avait des défauts moraux. Premièrement, les conflits factieux eux-mêmes, dont Paul a appris auprès des nouveaux venus de Corinthe ; deuxièmement, un cas d'inceste impuni. Une lettre précédente de Paul (maintenant perdue, ou partiellement conservée dans 2e Cor. VI. 14-VII. 1) avait exigé que l'Église «

n'ait pas de compagnie avec des fornicateurs ». L'Église, généralisant cette demande, avait plaidé l'impossibilité de « sortir du monde ». Paul explique maintenant : « Si quelqu'un *qu'on appelle frère* est fornicateur... avec un tel homme, ne le mangez pas. » Après de nouvelles réprimandes pour esprit de litige et manque de tonus moral, particulièrement en matière de « fornication » (ch. vi.), Paul reprend seriatim « les choses dont vous avez écrit ». Nous sommes principalement intéressés par la longue section (viii. 1-xi. 1) sur les « choses offertes aux idoles » dans laquelle Paul instruit ceux qui voudraient imiter sa liberté, mais qui oublient qu'il a toujours refusé de faire valoir ses droits quand ce faisant les « faibles » étaient trébuchés. De plus, la fornication ne fait jamais partie des choses permises, ni même la consommation de viandes offertes aux idoles *lors du banquet païen lui-même* . Une telle nourriture n'est irréprochable que lorsqu'elle a été vendue sur le marché et peut être consommée sans « offense ».

Les autres questions concernaient les réunions d'église pour le « Repas du Seigneur » et l'exercice des « dons spirituels ». Ils donnent l'occasion de développer la noble doctrine de Paul sur l'unité par le service aimant (xi. 2-xiv. 40). La section doctrinale de 1 Corinthiens se termine par une déclaration complète de la doctrine de Paul sur le corps de résurrection (invoquée par les objections grecques à l'égard des Juifs). Des affaires de clôture, nous apprenons que « la collecte pour les saints » est déjà en cours « en Galatie », et que Paul espère, après avoir traversé la Macédoine, se joindre à la délégation qui doit porter l'argent. à Jérusalem (XVI. 1-6).

Il s'est avéré que Paul a effectivement suivi l'itinéraire décrit dans 1er Cor. XVI. 1-6, mais seulement après des expériences pénibles. Timothée, envoyé (par la Macédoine, Actes xix. 22) comme représentant de Paul (iv. 17 ; xvi. 10 *s.*), ne put rétablir l'ordre. L'opposition à l'autorité apostolique de Paul, traitée avec presque mépris au ix. 1-14, a pris des proportions alarmantes. Paul a reçu un affront si direct et personnel (soit lors d'une visite précipitée entreprise en personne depuis Ephèse, soit en la personne de Timothée) qu'il a lancé un ultimatum péremptoire, dont il attend avec impatience l'effet lorsque 2e Corinthiens s'ouvrira avec Paul chassé. d'Éphèse, réfugié en Macédoine (*c.* 55). Il est hautement probable que la section déconnectée annexée entre le 2e Cor. ix. 15 et l'Adieu, est tiré de cette lettre « douloureuse » écrite « avec beaucoup d'affliction et d'angoisse de cœur avec beaucoup de larmes » (2e Cor. ii. 1-4 ; vii. 8-16) ; car ce n'était pas seulement une demande péremptoire de punition du contrevenant, mais aussi une lettre d'auto-éloge forcée. Paul ne peut pas avoir écrit pour se féliciter de lui-même à plus d'une occasion, et il promet de ne pas répéter cela en iii. 1 *et suiv.* Nous pouvons prendre 2e Cor. x.-xiii., donc, comme représentant la lettre « douloureuse ». L'opposition émane des judaïsants qui se disent « du Christ », et peut donc être identique à ceux de 1er Cor. je . 12. Mais cela a pris des proportions qui, pendant un certain temps, ont fait désespérer Paul quant à la loyauté de l'Église. L'arrivée de Titus en Macédoine avec la nouvelle de leur obéissance rétablie avait été un soulagement inexprimable (ii. 5-17 ; vii. 8-16). Il ne reste plus qu'à opposer une fois de plus son « ministère de la nouvelle alliance » au « ministère mosaïque de la condamnation et de la mort », y compris une élucidation plus approfondie de la doctrine du corps de résurrection (iii. 1-vi. 10) et à exhorter générosité en matière de collection (chh . viii.-ix.).

Le matériel quelque peu désordonné, mais incontestablement authentique de 2e Corinthiens a probablement été distribué comme une sorte de résidu du matériel paulinien longtemps après que notre 1er Corinthiens ait été mis en circulation, peut-être lorsque de nouveaux conflits avaient amené l'Église de Rome à intervenir par l'intermédiaire de Clément (95).), qui cite 1 Corinthiens, mais ne montre aucune connaissance de 2 Corinthiens. La correspondance est non seulement d'une valeur inestimable pour l'Église pour son hymne d'amour en tant que don invincible et constant de l'Esprit (1 Cor. XIII) et son éloge sublime du « ministère de la nouvelle alliance », mais elle est instructive au plus haut degré. à l'historien. Presque tous les aspects du travail de Paul en tant que missionnaire, défenseur de son propre apostolat indépendant et de son évangile, guide et instructeur du développement de la pensée gentilo-chrétienne et ardent commissaire pour la paix auprès de la communauté apostolique en Syrie, sont exposés ici. La meilleure exposition de l'histoire est le matériel documentaire lui-même, et inversement.

Romains a été écrit pendant l'hiver paisible à Corinthe (55-56) qui a suivi ces semaines d'anxiété tourmentante en Macédoine (Actes XX. 1-3). Paul a le sentiment d'avoir porté l'Évangile jusqu'aux rives de l'Adriatique (Xv. 19). Il est sur le point d'aller à Jérusalem avec sa grande « offrande des païens » et a déjà les yeux tournés vers Rome et « l'Espagne » ! Tout comme avant le premier voyage missionnaire, il a prévenu l'opposition en déposant franchement son Évangile devant les piliers, de même maintenant il le présente devant l'Église de Rome, mais avec beaucoup de délicatesse et de tact, non pas comme s'il prétendait avertir des chrétiens déjà « remplis de toute connaissance et de toute connaissance ». capables de se réprimander les uns les autres » (XV. 14), mais « afin que moi et vous soyons consolés en vous, chacun de nous par la foi de l'autre » (I. 12). L'épître est donc un eirenicon. Car Rome était encore plus qu'Éphèse ne l'avait été, un territoire préoccupé, bien que la métropole du champ de mission de Paul. La plupart des membres de l'Église sont des sympathisants de Paul, mais il y a beaucoup de « faibles » qui peuvent facilement être « offensés ». La lettre répète et élargit l'argument des Galates en faveur de l'évangile de la Grâce, ramenant la promesse faite à Abraham à son antécédent dans la chute d'Adam, par laquelle toute l'humanité était passée sous la domination du péché et de la mort. La fonction de la Loi est à nouveau clairement définie comme faisant prendre conscience aux hommes de cet esclavage, jusqu'à ce qu'il soit aboli par la mort (mystique) et la résurrection avec Christ. Dans l'adoption opérée par l'Esprit, la création tout entière, gémissant depuis l'époque d'Adam sous la « vanité », est libérée dans la manifestation des fils de Dieu. Jésus, glorifié à la droite de Dieu, est les prémices de la rédemption cosmique (Rom. I. - VIII.). Telle est la théorie de « l'évolution » de Paul. Elle est suivie d'une justification de Dieu dans l'histoire. ROM. ix.-xi. expose la relation entre Juifs et Gentils dans le processus de la rédemption. Israël a été endurci pour le moment afin que les Gentils puissent y être introduits. En fin de compte, leur jalousie face à ce résultat les amènera également à une foi repentante.

L'exposé sublime de Paul sur sa vision de la rédemption cosmique et historique est suivi (comme dans toutes les épîtres) d'une exhortation pratique (chh . xii.-xiv.), dont la note clé est l'unité par la patience mutuelle et le service aimant. Il répète la figure corinthienne des membres du corps et la définition galate de la « loi du Christ ». Une application particulière est faite au cas des scrupuleux qui font des distinctions de jours et de viandes. Ici cependant (xiv. 1-xv. 13), il n'est plus nécessaire de résister à un joug menacé. Seules la tendresse et la considération sont recommandées pour le « frère en Christ » trop scrupuleux. C'est dans cet esprit que Paul et son grand groupe de délégués des églises des Gentils montèrent à Jérusalem (Actes XX. 4-Xxi. 17).

CHAPITRE IV

PAUL COMME PRISONNIER ET PÈRE DE L'ÉGLISE

La deuxième période de la carrière littéraire de Paul commence après un intervalle de plusieurs années. Cet intervalle est couvert en effet, en ce qui concerne les grands événements de l'histoire personnelle de l'Apôtre, par les neuf derniers chapitres des Actes, mais extrêmement obscur en ce qui concerne la fortune de son champ de mission et l'occasion du groupe d'épîtres qui viennent à nous après sa clôture. Il est à peine possible qu'un ou deux fragments des soi-disant épîtres pastorales (1er Timothée, 2e Timothée, Tite), qui semblent avoir été compilées longtemps après la mort de Paul sur la base de quelques restes de sa correspondance, aient été écrits peu de temps après. après l'arrestation à Jérusalem et la « première défense ». Dans le 2e Tim. iv. 11-18, il est fait référence à un voyage depuis Troas via Éphèse qui coïncide à bien des égards avec celui des Actes xx. Si le fragment pouvait être retiré de son environnement actuel, il serait peut-être possible d'identifier les deux ; car cela ressort clairement de la prévision des Actes xx. 25, 38 que Paul n'a jamais revisité cette région. L'emprise de Rome sur son pénible prisonnier ne se relâcha qu'après son martyre, probablement bien avant la « grande multitude » que Néron condamna après l'incendie de 64. Cependant, jusqu'à ce que l'analyse puisse décortiquer avec plus de précision les éléments authentiques de l'œuvre pastorale. Les épîtres ne peuvent pas être utilisées pour éclairer la dernière période de la carrière de Paul. Un contexte historique a en effet été créé pour répondre à leurs exigences : libération de Paul, reprise des activités missionnaires sur les côtes de la mer Égée , nouvel emprisonnement à Rome et martyre ultime. Mais cela n'a absolument aucune justification en dehors des pastorales elles-mêmes, et est à la fois incompatible avec les Actes et intrinsèquement critiquable. L'histoire ainsi créée d'une libération, *d'une seconde* visite des églises grecques et *d'un deuxième* emprisonnement doit donc être considérée comme fictive, et les épîtres pastorales dans leur forme actuelle comme des produits de l'ère post-paulinienne.

Il nous appartient de retracer le développement parmi les Églises grecques du christianisme conçu comme « révélation de Dieu dans le Christ », parallèlement à son développement dans l'Église « apostolique », jusqu'à la période de l'unité « catholique » et du canon achevé. L'histoire de la fortune personnelle de Paul dans les Actes ne jette que peu de lumière sur ce développement. Nous voyons simplement que sa grande visite de rétablissement de la paix à Jérusalem a été soudainement interrompue par son arrestation dans le temple, alors qu'il se livrait à un acte d'adoration destiné sans aucun doute à démontrer sa volonté, dans l'intérêt de l'unité, de « devenir comme sous la Loi » ceux qui sont sous la Loi. » Après cela, sa grande délégation des églises païennes a dû se disperser dans leurs maisons. Paul resta prisonnier pendant deux ans à Césarée et, après un voyage aventureux couvrant l'automne et l'hiver suivants (59-60), il passa encore deux ans dans une détention moins rigide à Rome. Nous n'avons besoin d'aucune allusion à sa demande dans 2e Tim. iv. 13 pour « livres et parchemins » pour déduire que les années d'isolement forcé à Césarée ont été marquées par l'étude et la méditation ; mais le récit et l'inférence réunis ne transmettent que peu de ce que nous désirons principalement savoir : le cours du développement religieux dans les églises pauliniennes, comme toile de fond pour la littérature.

D'un autre côté, des recherches récentes sur les conditions religieuses au début de l'Empire ont levé les principales objections à l'authenticité des Philippiens, Philémon, Colossiens et même des Éphésiens. Nous sommes loin d'être obligés de descendre à l'époque des grands systèmes gnostiques du deuxième siècle pour trouver une situation historique appropriée à ce groupe de lettres prétendument écrites par Paul depuis sa captivité. En effet, ils présentent, quelle que soit la théorie de leur origine, un développement caractéristique et légitime de l'évangile paulinien de la filiation par l'Esprit d'adoption abolissant la dispensation de la Loi. C'est une évolution presque inévitable dans une conception de « l'Évangile » formée sur les idées grecques de la Rédemption, si l'on lui oppose un certain type plus bas de judaïsme superstitieux et bâtard, révélé dans les épîtres elles-mêmes, mentionné à plusieurs reprises dans les Actes, et maintenant connu de nous par une masse de matériel documentaire étranger.

Les nouveaux perturbateurs de la paix des Églises révélés dans les Épîtres de la Captivité sont toujours d'origine et de tendance juives ; mais au moins dans la région des Colosses (dans la vallée du Lycus, adjacente au sud de la Galatie), la question n'est plus celle entre la Loi et la Grâce, mais concerne la nature et l'étendue de la Rédemption. Le problème vient encore d'une exaltation superstitieuse de la révélation mosaïque ; mais ceux auxquels Paul s'oppose ici n'« utilisent pas la Loi légalement », insistant franchement sur son obligation permanente en tant que volonté de Dieu pour tous les fils, non affectés par la Croix. Il est maintenant admis qu'il s'agit d'une « ordonnance des anges » ; mais son observance est inculquée parce que la rédemption de l'homme ne peut venir que par la conciliation de ces êtres supérieurs. L'union mystique avec des pouvoirs surhumains doit être favorisée par ses observances. Cette superstition n'est ni purement juive, ni purement grecque. C'est composite – hellénistique. Le judaïsme est imité dans le respect superstitieux de la Loi ; mais la conception de la Rédemption laisse derrière elle toute pensée de particularisme national et est ouvertement individualiste. La rédemption recherchée est celle de l'âme individuelle des limitations de l'humanité, et sans doute le nom de Jésus a joué un rôle important dans l'émancipation, comme dans les exorcismes des fils de Scéva (Actes XIX. 13 *s.*) ; seulement ce n'était pas « au-dessus de tout nom ».

Mais même les apocalypses juives comme *Enoch* et *Baruch* , avec toute leur angélologie et démonologie superstitieuses, parviennent d'une manière ou d'une autre à s'accrocher à l'ancienne foi juive dans la primauté de l'homme, et Paul soutient de la même manière contre les théosophes la doctrine de la filiation du croyant et de son union. héritage avec Christ. En fait , l'adoption, la rédemption et l'héritage accordés dans le don de l'Esprit sont à son avis des dons si grands et si exaltés qu'ils en font une « auto-humiliation gratuite » de rendre hommage, en mosaïque ou autre cérémonial, aux « anges ». «principautés» ou «pouvoirs». En Christ, nous avons déjà un pied dans les régions célestes. Nous avons été prédestinés en sa personne pour être des « héritiers » « avant la fondation du monde ». Sa résurrection et son ascension « à la droite de Dieu » auxquelles nous avons participé par « l'Esprit » étaient un « triomphe » sur les « Éléments » et les « Dirigeants ». Ils devraient être sous les pieds du chrétien en termes de sentiments, comme ils le seront bientôt en réalité.

Cette doctrine exaltée de la filiation du Christ, comparée à la simple autorité temporaire des « anges, des principautés et des puissances », confère aux épîtres de la captivité leur titre bien mérité de « christologique » ; car ils jettent les bases de toutes les doctrines ultérieures du Logos ou de la Parole. Il est bon de réaliser, cependant, que la doctrine est, à l'origine et dans le sens, simplement une justification de la dignité divine de l'humanité.

Une idée des conditions extérieures au moment de la rédaction peut être obtenue à partir des deux épîtres du groupe le plus universellement reconnu comme authentique, Philémon et Philippiens. Tous deux sont écrits depuis sa captivité, presque certainement à Rome, car l'écrivain s'attend, s'il est libéré, à revisiter les côtes égéennes , ce qui n'était pas l'attente de Paul à Césarée . Mais il existe une grande différence entre les deux en ce qui concerne les circonstances présupposées. Le ton de Philémon est plein d'espoir, vif, voire plaisant. Paul est en compagnie d'un groupe de « compagnons de travail » qui comprend de manière significative « Marc », ainsi que deux compagnons du voyage à Rome, « Aristarchus » de Thessalonique et « Luc » (Actes xxvii. 2). Epaphras, son « compagnon de prison », apparaît dans Colossiens comme le fondateur de cette église et comme enseignant dans les villes voisines de Hiérapolis et de Laodicée. Il a apporté à Paul, soit de sa propre connaissance, soit par le biais de rapports d'autrui, des nouvelles inquiétantes sur les incursions de l'hérésie. Onésime, dont le cas donne lieu à la lettre à Philémon, est un esclave évadé de cet ami et converti de Paul.

L'apôtre renvoie l'esclave avec la demande qu'il soit pardonné et affranchi. La relation des personnes mentionnées dans Philémon et Colossiens montre que l'occasion est la même. Tychique (*cf.* Actes xx. 3) le porteur des Colossiens (Col. iv. 7) accompagne Onésime. Les Éphésiens (s'ils sont authentiques) appartiennent au même groupe, étant également portés par Tychique (Éph. vi. 21). Il n'était certainement *pas* destiné à Éphèse, mais à une ou plusieurs églises non directement connues de Paul (i . 15 ; iii. 2). Cela a à peu près la même relation avec les Colossiens que les Romains avec les Galates. Malgré de nombreuses preuves de son utilisation remontant même à Clément de Rome (95), l'authenticité des Éphésiens est plus sérieusement remise en question que celle de toute autre lettre paulinienne à l'exception des Pastorales. De l'avis de l'auteur, ce soupçon n'est pas fondé, mais la question de Pauline, semi-Paulinienne ou deutéro -Paulinienne est sans importance pour le développement général.

Philippiens est postérieur à Philémon et à ses compagnons. Paul a été dans des circonstances de détresse physique extrême et réconforte ses correspondants en vue d'une décision immédiatement imminente dans son cas (ii. 23). La question sera de vie ou de mort, et Paul n'a aucune raison terrestre (mais seulement supraterrestre) d'espérer que le verdict ne sera pas défavorable. Il espère toujours, s'il est libéré, revoir la côte égéenne (ii. 24) ; mais il ne fait que sourire à travers ses larmes lorsqu'il dit aux Philippiens que leur besoin de lui est si grand qu'il est sûr qu'il leur sera épargné (Phil. 1, 12-30). Sachant que ce voyage n'a jamais eu lieu, on ne peut que déduire que le destin est si proche chez Phil. ii. 17 s'est effectivement produit. Le sang de Paul a été « versé en libation », comme le rapporte de manière crédible la tradition de l'extrême antiquité, et cela ne peut guère avoir été le cas après une libération, un retour en Grèce et une deuxième arrestation. Le passage dans 2e Tim iv. 5-8 qui reprend la figure de la libation (Phil. 2. 17), la traitant non plus comme douteuse, mais comme une certitude tragique, n'aura été écrite (si elle est authentique) que quelques semaines au plus après Philippiens, et immédiatement avant la fin. Si Philémon-Colossiens-Éphésiens sont datés en 62, les Philippiens, avec les fragments possibles dans 2e Timothée, peuvent être datés de quelques mois plus tard.

Les conditions à Philippes n'apparaissent que sous un jour favorable dans cette dernière épître authentique. Paul peut remercier Dieu pour chaque souvenir de ces amis macédoniens loyaux et libéraux. À Rome, cependant, il est toujours affecté par l'opposition judaïsante, bien que son attitude à son égard (au moins à Rome) montre la différence significative avec les Galates : il peut maintenant être reconnaissant que Christ soit prêché même ainsi (Phil. I . 15-18) .). De plus, il existe une différence dans le type de légalisme représenté ; car tandis que dans son avertissement aux Philippiens de la venue possible des hérétiques, Paul est amené à rappeler son propre renoncement à la justice légaliste, les termes d'opprobre appliqués aux perturbateurs impliquent une immoralité et une assimilation au paganisme (Phil. iii. 2-19 ; *cf.* Rom. XVI, 17-20), dont on ne peut pas dire à juste titre qu'elle caractérise le légalisme de la synagogue.

Les éléments doctrinaux des Philippiens consistent en deux passages : (1) la dénonciation de la « concision » (terme appliqué au juif renégat païen) se terminant par un rappel du haut trône de notre Rédempteur spirituel (iii. 1-21) ; (2) la définition de « l'esprit » ou de la « disposition » du Christ manifestée dans son incarnation auto-abnégation, sa souffrance obéissante et son exaltation suprême (ii. 5-11). Les deux passages sont caractéristiques de l'évangile de Paul en général, qui est toujours, contrairement à celui des judaïsants, l'évangile d'un drame ou d'un spectacle dont on est témoin ; pas un évangile d'enseignements entendu. Il s'agit d'un évangile *sur* Jésus, et non de préceptes inculqués *par* Jésus, d'un drame de rédemption pour toute l'humanité de la servitude vers le Fils, dans lequel la croix est centrale. Les deux passages sont également caractéristiques, comme nous le verrons, de la période ultérieure de l'activité littéraire de Paul ; car même chez les Philippiens, le motif doctrinal dominant est la Rédemption que Paul attend avec impatience, et celle-ci est maintenant conçue avec encore plus de force que dans les lettres précédentes en termes de religion personnelle. Il prévoit « partir pour être avec Christ » (i . 23) plutôt que de l'attendre sur terre (1 Thess. iv. 17). Le « but » vers lequel le chrétien « tend » est l'immortalité personnelle par l'union mystique avec le Christ dans la vie de Dieu (iii. 10-14). C'est aussi une véritable doctrine du Royaume de Dieu ; mais son point de départ est le triomphe de l'humanité sur ses ennemis « le péché » et la « mort », et non le triomphe d'Israël sur ses oppresseurs. Plus encore, dans le groupe colossien, il devient évident que « l'événement divin lointain » est une unité de l'humanité à travers l'Esprit correspondant à la figure stoïcienne des membres et du corps plutôt que le « Royaume de David ».

Encore une fois les adversaires de Phil. iii. 2, 18 *s.* ne sont pas de simples légalistes pharisiens, incapables de voir que la Loi et la Grâce sont des systèmes mutuellement exclusifs, et annulant la signification de la Croix en perpétuant le système qu'elle était censée abolir. Si l'on peut expliquer la différence par les Colossiens, ce sont des Juifs de tendance païenne, prétendus adeptes de l'Évangile, qui annulent sa signification en perpétuant le respect de la Loi ; seule la servilité déplorée n'est pas une servilité envers Dieu, mais envers les « anges » (Col. II, 18).

Pour apprécier l'élargissement du christianisme au-delà de sa forme simplement « apostolique » à travers le développement indépendant des églises grecques au cours de cette seconde période, nous devons réaliser que « l'évangile des incirconcis » de Paul différait en ce qui concerne la promesse aussi bien que la loi. Le Royaume à venir qu'il prêchait était quelque chose de plus que « le royaume de notre père David » étendu depuis Jérusalem. Ce qu'il en était réellement n'apparaît pleinement que dans les « Épîtres christologiques ». Mais nous devons étudier l'opposition pour apprécier à quel point l'idée de Rédemption s'est développée différemment sur le sol grec.

L'aspect du judaïsme qui remarquait le plus l'étranger à l'époque de Paul n'était pas le légalisme des scribes et de la synagogue palestinienne, perpétuellement embaumés dans le Talmud et le rabbinisme orthodoxe d'aujourd'hui. C'est la superstition et la magie qui excitent le mépris des satiristes comme Horace, Juvénal et Martial, et suscitent des descriptions comme celle de la lettre d'Hadrien à Servianus, caractérisant les Samaritains, les Juifs *et les Chrétiens* habitant en Egypte comme « tous astrologues, haruspices ». et les charlatans." C'est ce type de juif qui est le plus connu dans le monde hellénistique contemporain ; dont les sortilèges et les incantations, rédigés dans la langue de l'Ancien Testament, sont perpétués dans les rouleaux d'incantations en plomb et les papyrus magiques de la collection berlinoise ; dont le portrait est peint dans le Simon Mage des Actes VIII. 14-24, l' Elymas le sorcier des Actes XIII. 6-12, les « Juifs ambulants, exorcistes » et les « sept fils de Scéva » des Actes XIX. 13-20. Un écrivain chrétien du début du deuxième siècle est tellement impressionné par cette caractéristique du judaïsme contemporain qu'il distingue même comme troisième type de religion, outre l'idolâtrie et le christianisme, « les Juifs, qui s'imaginent qu'eux seuls connaissent Dieu, mais ne le savent pas, adorant Dieu » . les anges et les archanges, la lune et le mois », et cherche à prouver son point de vue en citant le système festif de l'Ancien Testament. En fait, cette idée du judaïsme est prédominante parmi les apologistes du deuxième siècle. La « superstition » juive est un fait notoire à l'époque. La transcendantalisation de la théologie juive après la période perse avait inévitablement conduit à une angélologie et une démonologie élaborées. Si, dans le cadre de ce processus, un caractère de plus en plus surnaturel était attribué à la Loi, celle-ci ne pouvait avoir qu'un double effet. Les savants et les orthodoxes le traiteraient sobrement comme une révélation de la volonté divine. C'est le développement légaliste que nous observons dans le Talmud et la synagogue palestinienne. Les ignorants et les superstitieux, en particulier dans le monde de langue grecque, l'utiliseraient comme livre de magie. C'est ce que l'on constate au sein de nombreuses sectes juives, notamment en Samarie, en Egypte et parmi les juifs de langue grecque. La tendance était marquée même en Galilée. Jésus lui-même stigmatise le besoin morbide de miracles de ses compatriotes comme la marque d'une génération « adultère », car la puissance invoquée n'était pas divine, mais toujours angélique, voire démoniaque. Paul fait allusion au même trait (1er Cor. I. 22). Mais s'il y a une singulière absence, tant dans les écrits pauliniens que johanniques, de toute référence à l'exorcisme, miracle typique du récit synoptique, on a justement remarqué qu'aucun élément de la pensée de Paul n'a été aussi peu affecté par celle de Jésus que sa pensée. angélologie et démonologie. La vision du monde de Paul, comme celle des apocalypses de son temps, est une parfaite fantasmagorie d'anges et de démons, « de nombreux dieux et de nombreux seigneurs ». Sa conception du conflit de rédemption n'est pas une lutte contre la chair et le sang, mais contre les « dirigeants du monde de cette (région inférieure des) ténèbres », contre les « archanges », les « éléments », les « principautés », les « puissances ». La seule chose qui enlève toute influence néfaste à cette crédulité (si nous devons appliquer un jugement injustement moderne à un écrivain ancien) est sa doctrine de la filiation et de la seigneurie de Jésus, avec laquelle les rachetés sont « cohéritiers » du création entière et donc supérieur aux anges. À cet égard, Paul s'est imprégné de la pensée du Christ. Le remède de Jésus contre la superstition n'est pas scientifique mais religieux. Il ne nie pas la relation généralement supposée avec les « esprits » bons ou mauvais, mais affirme une relation directe avec l'Esprit Infini, qui réduit tous les anges et démons à l'insignifiance, sauf en tant que « ministres ». La vision du monde de Paul commence avec la création de l'homme pour qu'il soit le seigneur et l'héritier du monde (Gal. iv. 1 ; 1er Cor. iii. 22 ; cf. Gen. i . 28) . Le « dessein de Dieu, qu'il a proposé en Jésus-Christ, avant la création, en vue d'une dispensation de la plénitude des âges » est « pour notre gloire ». Elle serait frustrée si le « Deuxième Adam » ne devenait pas l'Héritier, en qui la création rachetée trouverait le but de sa longue attente. Paul a une cosmologie ainsi que « Enoch ». Il ne pouvait pas être un digne disciple de Jésus – il ne pouvait même pas être un « fils de la Loi » fidèle sans s'en tenir à la doctrine acceptée de l'héritage destiné au Messie et à son peuple obéissant. Cela ne l'a pas rendu moins ferme dans cette conviction quand, en tant que chrétien, il considérait Jésus comme le Messie et les Juifs et les Gentils unis dans son royaume ; seulement le point de départ n'est pas la soumission des fils d'Abraham aux Gentils, mais la soumission des fils d'Adam aux « chefs du monde de ces ténèbres ». Lorsqu'il combine Ps. viii. et Ps. cx. dans sa représentation du règne du Christ dans 1 Cor. XV. 24-27, c'est une indication sûre de sa portée telle que Paul la comprenait. Il a inclus dans la seigneurie de la création et la soumission de tous les « ennemis » que le Christ exalté attend « à la droite de Dieu », la soumission des « anges, des principautés, des puissances et de tout nom nommé, qu'il soit ou non ». des êtres au ciel, sur terre ou sous la terre. » Paul poursuit donc la méthode des écrivains apocalyptiques en rendant sa doctrine de la Rédemption et du Royaume transcendantale. En le rendant cosmique, il sape son particularisme juif. Il évite la superstition en s'en tenant fermement à la doctrine de Jésus selon laquelle la filiation est liée à une affinité *morale* avec Dieu.

Dans les épîtres christologiques, il apparaît donc clairement que les Églises pauliniennes apprennent à penser le Royaume à venir d'une manière très différente de la manière « apostolique ». La doctrine grecque de l'union mystique, et non la doctrine rabbinique d'une « part dans le monde à venir », en est la base. Nous verrons en temps voulu combien le processus de réconciliation est devenu difficile entre la pensée grecque et la pensée sémitique dans ce domaine également. Pour le moment, nous ne pouvons que constater que dans le grand thème de l'unité de l'Esprit en Eph. iv. 1-vi. 9 ce n'est pas l'idéal « apostolique » d'une restauration du royaume d'Israël selon le serment prêté à Abraham (Luc I . 68-75 ; *cf.* Actes I . 6) qui domine, mais un élargissement de la figure du corps et membres, figure couramment employée par les écrivains stoïciens, pour s'appliquer à l'unité de l'Église dans les Corinthiens et les Romains. Dans les Épîtres de la Captivité, la doctrine du Royaume est un organisme social imprégné et vitalisé par l'esprit de service du Christ. L'immortalité personnelle est l'union avec la vie de Dieu.

Compte tenu de la notoriété d'Éphèse comme centre même du commerce de la magie (à tel point que les sortilèges et les incantations étaient techniquement connus sous le nom de « lettres éphésiennes ») et de ce que nous disent les Actes de l'énorme destruction des « livres de magie » effectuée par la prédication de Paul, il n'est pas surprenant que l'Asie et la Phrygie apparaissent, quelques années après le départ de Paul, comme le foyer d'une « philosophie et d'une vaine tromperie, selon la tradition des hommes, selon les « éléments » du monde, et pas après Christ." Actes XX. 29 fait que Paul prédit l'hérésie.

Tel était particulièrement le cas à Colosses , petite ville longtemps connue pour sa superstition, où Epaphras, maintenant compagnon de prison de Paul, avait fondé l'église. Epaphras lui-même, au moment où Paul écrivait, était très inquiet à la fois pour cette église et pour les églises voisines de Hiérapolis et de Laodicée. Colossiens est écrit pour faire face à ce danger, et a été envoyé par les mêmes porteurs que la note à Philémon. Elle devait être échangée, après avoir été lue à Colosses , contre une autre épître envoyée simultanément à Laodicée. Que nos Éphésiens soient cette lettre complémentaire ou seulement une production deutéro -paulinienne encadrée sur la base d'une véritable lettre écrite à cette occasion, est un point controversé parmi les critiques. Dans le canon de Marcion, nos Éphésiens étaient appelés «Laodicéens», et dans nos plus anciennes autorités textuelles, ils n'ont aucune adresse. Nous pouvons supposer qu'Éphésiens est en réalité la lettre d'accompagnement, dont l'adresse originale a été annulée pour une raison quelconque ; [15] ou qu'il ne vient que partiellement de la propre main de Paul. Aucun de ces points de vue ne modifiera matériellement notre conception de son enseignement, ni son application particulière aux circonstances des églises de la vallée du Lycus. La chose importante à observer est que si l'application dans Colossiens est spécifique, dans Éphésiens elle est systématique et générale. Les Colossiens mènent une polémique directe contre ceux qui font des croyants le butin de simples «

éléments » en introduisant des distinctions de « viandes *et de boissons* » (un pas au-delà du mosaïsme), avec l'observance des « jours de fête, des nouvelles lunes et des sabbats ». Dans Éphésiens, nous avons, soit de première main, soit dans une plus ou moins grande mesure de seconde main, une présentation générale et affirmative de la doctrine de Paul sur la Seigneurie en Christ. Il n'y a qu'une allusion fortuite au fait d'être « trompés par des paroles vaines » (v. 6), et un avertissement de ne pas être « des enfants ballottés çà et là et emportés à tout vent de doctrine, par les tours d'hommes rusés, après le ruses de l'erreur » (iv. 14).

Colossiens et Éphésiens développent, en conséquence, cette sagesse (cosmologique) de Dieu transmise à Paul par l'Esprit du Christ dans un « mystère », auquel il n'avait fait qu'allusion dans 1 Cor. ii. 1-16. *La gnose , ou la perspicacité* de Paul , concerne le dessein de Dieu dans la création, caché même aux « dirigeants du monde » (angéliques) qui sont en train de disparaître . L'Esprit du Christ, qui, en tant que Sagesse divine, a été l'agent de la création, est donné aux apôtres et prophètes chrétiens. Elle leur offre, dans la révélation de ce « mystère », une philosophie à la fois de création et de rédemption qui fait honte au simple raisonnement spéculatif. L'héritage – les choses que Dieu a préparées pour ceux qui l'aiment – consiste (comme l'avait dit un écrivain apocalyptique) « de choses que l'œil n'avait pas vues, que l'oreille n'avait pas entendues, et qu'il n'était pas entré dans le cœur de l'homme pour concevoir ». Paul s'était délibérément abstenu de dévoiler cette cosmologie et cette philosophie de l'histoire révélées aux Corinthiens, afin d'éviter précisément les maux que l'enseignement d'Apollos avait apparemment précipités au moment où 1 Corinthiens était écrit. Pourtant, nous pouvons tirer de cette même épître (1 Cor. VIII. 6 ; XV. 24-28) une conception partielle de sa doctrine du Christ comme commencement et fin de la création, la Sagesse de Dieu par qui et pour qui comme Héritier, toutes choses ont été créées. De Romains I. -VIII. et ix.-xi. nous pouvons facilement voir que, en tant que Second Adam, le Messie était pour Paul la clé du développement du monde et de l'histoire humaine ; car depuis le triomphe de Satan en Éden, la création entière attendait, en gémissant, l'avènement des fils. Galates indique non moins clairement qu'il considérait la Croix comme l'événement historique qui marque la transition de la période du contrôle du monde par des agents secondaires au règne du Fils. Ce « mystère » est simplement mis en lumière et développé maintenant dans les Épîtres de la Captivité. L'effort et la prière sont que les lecteurs puissent « avoir les yeux de leur cœur éclairés », obtenir quelque chose de la propre vision de Paul des richesses de l'héritage qu'ils doivent partager avec Christ, quelque chose de l'expérience de Paul de la puissance de Dieu en ressuscitant Christ. d'entre les morts et le plaçant sur le trône de gloire. S'ils réalisent seulement ce qu'implique la filiation et l'héritage avec Christ – s'ils prennent en compte le fait que par l'Esprit de résurrection qui est en eux, ils ont déjà, en un sens, participé à cette délivrance et à cette exaltation, ils seront armés contre toutes les vaines tromperies . de la théosophie. C'est en effet cet Esprit de résurrection qui réalise l'unité du monde en un seul organisme. Il s'étend de la hauteur la plus élevée jusqu'à l'abîme le plus bas. Et parce qu'il est l'Esprit de Jésus, il remplit tout ce qu'il touche de disposition au service aimant. Elle offre une nouvelle éthique et une nouvelle politique dont le thème principal est la loi de l'amour à l'imitation de Dieu et du Christ. Tous les rapports sociaux y sont recréés, à commencer par la famille et l'Église. C'est pourquoi nous devons considérer notre rédemption comme celle d'Israël de l'esclavage et des ténèbres de l'Égypte. Les principautés et les puissances de ce monde, hôtes spirituels de la méchanceté dans les régions supraterrestres, s'efforcent en vain de retenir le peuple de Dieu, dans « ces ténèbres ». Nous n'avons qu'à attendre comme Israël à la Pâque « les reins ceints et les pieds chaussés ». Le Libérateur apparaîtra bientôt du ciel, vêtu de l'armure du salut, comme dans les anciens chants de la Pâque , fendant les ténèbres avec son épée de lumière et emmenant les captifs.

Dans ces thèmes, diversement entrelacés chez Éphésiens et Colossiens, il est difficile de dire si c'est la note d'unité ou la note de liberté qui prédomine. Nous pouvons certainement reconnaître le même grand apôtre de la liberté qui, dans les épîtres de la période antérieure, avait prouvé la puissance et la valeur de sa perspicacité religieuse en s'emparant de la doctrine de la filiation comme du cœur essentiel de l'Évangile. C'est le même génie consciemment enseigné par Dieu qui avait exigé et obtenu une reconnaissance sur un pied d'égalité pour son évangile de grâce et de filiation, un évangile donné par révélation du Fils de Dieu « en » lui, qui exige maintenant que le don de l'Esprit Que les Juifs et les Gentils appellent à la reconstruction de la doctrine du Royaume à venir. "Celui qui est monté est le même qui est aussi descendu jusqu'aux profondeurs les plus basses afin de remplir toutes choses." Et il a répandu les « dons » afin qu'ils puissent constituer un organisme du nouvel ordre social, une nouvelle création animée et vitalisée par l'esprit de service aimant de Jésus.

Car tout comme dans toutes les grandes épîtres antérieures, la note du désir de paix et d'unité dans l'amour résonne toujours plus fort et plus clairement au-dessus des conflits, de même, dans les épîtres ultérieures, la note du triomphe dans la liberté a une profonde note d'action de grâce pour la réconciliation. atteint. Le grand pæan d'adoration respectueuse pour la gloire de la grâce de Dieu dans Eph. je . 3-14, est une action de grâce pour l'union des Juifs et des Gentils dans une rédemption commune. La rétrospection de l'œuvre de Dieu en ii. 11-21 est la proclamation de « paix à celui qui était loin et paix à celui qui était proche ». Il est décrit comme la construction des Juifs et des Gentils en un seul temple vivant, sur le fondement des apôtres et des prophètes, Jésus-Christ lui-même étant la pierre angulaire principale.

L'exhortation à l'unité de l'Esprit en iv. 1-vi. 9 repose sur une application exultante de la figure de « l'unique homme nouveau » dans le corps duquel tous sont membres, ce qui serait inconcevable si, au moment de la rédaction de cet article, l'Église qui a reçu les dons du Seigneur ascensionné n'était effectivement qu'un seul corps, mais deux corps séparés dans une méfiance et une jalousie mutuelles.

En fait, nous pouvons dire non seulement des Éphésiens, mais aussi des Colossiens, et même de tout le groupe : Leur thème principal n'est pas tant la conquête de toutes choses par le Christ que « la réconciliation de toutes choses en Christ, que ce soit les choses sur la terre ». , ou les choses dans les cieux » (Col. I . 20). Il n'est pas déraisonnable de déduire de telles nuances que la prière dans laquelle Paul, lorsqu'il partit de Corinthe, avait supplié l'Église romaine par notre Seigneur Jésus-Christ et par l'amour de l'Esprit de lutter avec lui, afin que son le ministère qu'il avait pour Jérusalem pouvait être agréable aux saints, afin que sa venue à eux à Rome par la volonté de Dieu soit dans la joie et qu'avec eux il puisse trouver le repos.

CHAPITRE V

ÉPISTRES PSEUDO-APOSTOLIQUES

Nous ne pouvons pas nous étonner qu'une époque de l'histoire de l'Église qui a suivi le martyre successif de tous ses grands dirigeants restants soit au début pauvre en produits littéraires. Jacques, le frère du Seigneur, fut lapidé à mort par une foule à Jérusalem en 61-62. Son homonyme, frère de Jean, avait été décapité au début de 44 par Hérode Agrippa Ier. Parmi les « autres » qui, comme nous l'apprend Josèphe, périrent avec Jacques en 61, on peut peut-être compter Jean, qui se tient à ses côtés en La liste des piliers de Paul. Ce Jean, fils de Zébédée, frère de l'autre Jacques, est considéré comme un martyr au même sens que son frère dans les premiers évangiles. Les frères sont assurés qu'ils boiront la même coupe de souffrance que le Seigneur, bien qu'ils ne puissent pas prétendre en retour à des sièges prééminents dans la gloire (Marc X. 39 s.). Jean n'a pas souffert avec son frère Jacques en 44, car il est présent à la conférence en 46-7 (Gal. ii. 9) ; mais l'une des traditions des anciens de Jérusalem rapportée par Papias déclarait qu'il fut « tué par les Juifs » en accomplissement de la prédiction du Seigneur, et cette première tradition doit être acceptée malgré son conflit avec celle qui la supplanta progressivement après l'arrivée de Jean. être considéré comme l'auteur de l'Apocalypse et du Quatrième Évangile. La déclaration selon laquelle il a été tué « avec James, son frère » peut être due simplement à la confusion (pas rare) des deux James .

La décapitation de Paul à Rome n'a eu lieu qu'un an ou deux plus tard et a été suivie en 64, selon une tradition très ancienne et digne de confiance, du martyre de Pierre. La mort de tous les principaux dirigeants explique pourquoi l'Église de Jérusalem, lorsqu'elle se rassembla après le renversement de la ville et du temple en l'an 70, ne présenta pas de candidats plus éminents à la direction qu'un certain Syméon, fils de Clopas, l' un des membres du groupe des des « parents du Seigneur » dont on retrouve la trace « jusqu'à l'époque de Trajan », et un certain Thebutis inconnu . Syméon , selon Eusèbe, qui tire son récit d' Hégésippe (165), était le représentant « de ceux des apôtres et des disciples du Seigneur qui vivaient encore, ainsi que des parents du Seigneur ». Thebutis serait issu d'une des sectes juives hérétiques et aurait organisé un schisme en conséquence de sa déception. Tout ce dont nous pouvons être sûrs, c'est que Jérusalem, « jusqu'à Trajan », a continué à se considérer comme le siège de l'autorité apostolique et l'arbitre de l'orthodoxie, en raison de sa succession de disciples et de parents du Seigneur. Parmi ces derniers, les principaux représentants, sinon les seuls, de la postérité de David, lorsque « des recherches furent faites » lors de la persécution sous Domitien (81-95), étaient deux petits-fils *de* Jude, le frère du

Seigneur. Jude lui-même ne vivait donc plus. Luc (*vers* 100), Papias (145) et Hégésippe (165) montrent successivement l'autorité croissante de la « tradition transmise », en particulier celle « des apôtres et des anciens de Jérusalem ». Mais ce que Papias rapporte des traditions de ces « anciens » ne dépasse pas le niveau du midrash juif, et les épîtres qui portent les noms de Jacques et de Jude ont peu de valeur intrinsèque et n'ont bénéficié dès le début que d'une acceptation très maigre. A Rome, la tradition s'attache au nom de Pierre, mais outre le simple fait de son martyre « en même temps que Paul » (64-5), il n'a que peu de valeur à raconter. On ne peut pas dépasser en toute sécurité la tradition rapportée par Porphyre selon laquelle Pierre a nourri les agneaux (à Rome) pendant quelques mois avant son martyre, et celle rapportée par Papias selon laquelle Marc, qui avait été l'assistant de Pierre, y avait compilé l'Évangile qui porte son nom, en le basant sur ses souvenirs de la prédication de Pierre. De ce travail d'une importance vitale (*c.* AD 75), il faut parler sous un autre angle. Nous nous occupons actuellement d'écrits qui reflètent directement le développement de la vie et de la doctrine chrétiennes dans cette période sous-apostolique, en particulier dans le champ missionnaire paulinien.

Hormis l'apparition de l'Évangile de Marc à Rome (*c.* 75), il ne reste rien qui puisse briser le silence et les ténèbres de vingt ans après la mort de Jacques, de Pierre et de Paul. Les écrits qui parurent finalement étaient presque inévitablement anonymes ou pseudépigraphiques, car l'autorité apostolique était si élevée qu'aucune autre ne pouvait assurer la circulation. Hébreux (*c.* 85) a un attachement épistolaire à la fin de son « exhortation », mais soit n'a jamais eu d'adresse ni de suscription, ou bien en a été privé. Tous les écrits synoptiques sont anonymes, bien que Luc-Actes (*vers* 100) soit dédié à un mécène littéraire. L'Apocalypse (*vers* 95) est affirmée avec audace comme étant l'œuvre de l'apôtre Jean dans les chapitres préliminaires et l'épilogue (i . 2, 4, 9 ; xxii. 8). Mais l'ensemble de l'œuvre, bien que d'origine palestinienne, a un point de vue totalement différent et revendique l'autorité d'un prophète et non celle d'un apôtre. De même, le quatrième évangile, lorsqu'il fut finalement publié, reçut une annexe (ch. XXI.) qui suggère prudemment l'apôtre Jean comme son auteur ; mais les trois épîtres du même écrivain sont anonymes. L'homélie appelée Jacques (90-100) a une suscription qui la relie superficiellement à l'autorité principale de Jérusalem, et l'épître de Jude se préfixe le nom qui se trouvait ensuite dans la même classe. Mais même dans l'Antiquité, leur statut était précaire, et une vraie lettre non plus. Enfin, il y a les épîtres à Timothée et à Tite, censées avoir été écrites par Paul, et toute une série de toutes sortes, épîtres, évangiles, actes et apocalypse, écrites au nom de Pierre, dont deux seulement ont obtenu l'adoption définitive dans le canon. Parmi toutes celles-ci, seules la première Pierre et les soi-disant épîtres pastorales (1er et 2e Timothée et Tite) ont une certaine prétention à être considérées comme authentiques ; car 1er Pierre est certainement d'origine précoce (*c.* 85) et était incontesté dans l'Antiquité ; tandis que les Pastorales, bien que rejetées par Marcion , et dans leur ensemble de date tardive (90-110), sont constituées sur la base de quelque matériel paulinien authentique.

Les épîtres post-apostoliques peuvent être regroupées en deux classes, selon qu'elles sont principalement provoquées (*a*) par des dangers internes d'hérésie et de laxisme moral ; ou (*b*) par le péril extérieur de persécution. Aux premiers (*a*) il faut compter (1) les soi-disant épîtres pastorales ; (2) Jude ; (3) 2e Pierre. Tous ceux-ci s'intéressent ouvertement à un type de fausse doctrine qui présente certains traits plus ou moins définis et qui tend vers les hérésies gnostiques du deuxième siècle, sinon encore clairement identifiables avec elles. Mais le génie inspiré de Paul fait défaut. L'époque n'est pas créative, mais conservatrice. Ses auteurs sont des ecclésiastiques et des enseignants de l'Église, et non des apôtres et des prophètes. Leur note distinctive est l'appel à l'autorité apostolique. Que le nom par lequel ils couvrent leur propre insignifiance soit celui de « Paul », ou de « Jude, le frère (fils ?) de Jacques », ou de « Pierre », ils ont peu ou pas de message indépendant. Ils rappellent le « modèle des paroles saines », le « dépôt », « la foi transmise une fois pour toutes aux saints », « les paroles prononcées auparavant par les saints prophètes et les commandements du Seigneur et du Sauveur par l'intermédiaire de vos apôtres , " en particulier la "sagesse de notre frère bien-aimé Paul" qui (dans les épîtres pastorales) avait prédit l'hérésie, et "dans toutes ses épîtres" avait parlé de la résurrection et du jugement. Le Deuxième Pierre, qui fait référence dans le passage que nous venons de citer (2e Pierre iii. 2, 15 *s.*) aux Épîtres pauliniennes aux côtés des « autres Écritures », appartient à une période très tardive (*c.* 150). En fait, cette épître, maintenant presque universellement reconnue comme pseudonyme, se contente de rééditer l'épître de Jude, en fournissant un préfixe (ch. i .) et une annexe (ch. iii.) pour appliquer spécialement ses dénonciations au cas des faux enseignants qui « niaient la résurrection (corporelle) et le jugement ». Ni le plagiat ni le pseudonymat n'étaient alors des délits reconnus ; de sorte que nous ne portons aucune accusation contre l'auteur de 2e Pierre, qu'il soit l'apôtre ou non. Pourtant, notre conception du pêcheur galiléen serait plus élevée sans cet exemple de rhétorique de chaire qu'avec lui.

De la nature des hérésies controversées dans cette série d'écrits, nous devrons parler plus tard. Quant à la région d'où ils sont originaires, on peut déjà en déterminer la provenance. Pas en effet du 2e Pierre, qui est trop tardif pour être utile. Il est vrai que les lecteurs adressés sont supposés être les mêmes que dans la première épître, c'est-à-dire le champ de mission paulinien de l'Asie Mineure (1ère Pierre i. 1) , et il y a des raisons de penser que « l'Asie » a été la première région touchée. . « Ephèse » et « Asie » sont en fait les régions concernées dans le 1er et le 2e Timothée (1er Tim. i . 3 *s.* ; 2e Tim. i

. 15). C'est d'ailleurs dans ce même domaine que nous trouvons Polycarpe (110-117) faisant allusion à ceux qui « détournent les paroles du Seigneur selon leurs propres convoitises et nient la résurrection et le jugement » . A la même région et à la même période appartiennent les lettres de « l'Esprit » dans l'Apocalypse i. -iii. (*c.* 95) avec leur dénonciation des hérétiques balamites et nicolaïtes, et plus loin encore 1er-3e Jean et les Épîtres d'Ignace, qui sont aussi des polémiques contre une hérésie gnostique (Doketisme) tendant au laxisme moral. Il est cependant douteux, au vu de l'adresse générale (2e Pi. i . 1), que l'auteur de 2e Pierre ait réellement un cercle défini en tête, et ne le fasse pas plutôt dans iii. Je traite à tort 1er Pierre comme une épître générale. Le déni de la résurrection et du jugement ne se limitait pas à une localité ou à une période. Hégésippe y voit une hérésie préchrétienne déjà combattue par Jacques. Il serait tout aussi précaire de supposer que Jude, avec son adresse générale similaire, était nécessairement destiné à l'Asie Mineure. Les faux enseignants ressemblent à ceux que nous connaissons là-bas, et la dénonciation est incorporée par 2ème Pierre, mais les « Caïnites » et les « Balaamites » n'étaient pas limités aux régions de 1er Jean et de l'Apocalypse, et Jude pourrait avoir presque n'importe quelle date entre 90 et 120. Tout ce que l'on peut dire, c'est qu'avant la mort de Paul, la dernière vision que nous obtenons de son champ de mission le montre exposé, en particulier dans la région d'Éphèse, à un flot croissant de superstitions et de fausses doctrines, tandis que des documents qui peuvent être datées avec une certaine précision de 95 à 117, comme l'Apocalypse, les épîtres johanniques et ignatiennes et la lettre de Polycarpe, montrent une grande avancée de l'enseignement hérétique dans la même région. L'hérésie ultérieure correspond à plusieurs égards à celle combattue dans les Pastorales, Jude et 2e Pierre, mais devient enfin plus distinctement définissable comme le Doketisme , dont la forme la plus odieuse en vient à être le déni de la résurrection (corporelle) et du jugement. Les trois épîtres pastorales, Jude et 2e Pierre, peuvent donc être considérées comme reflétant probablement le danger interne croissant auquel sont confrontées les Églises d'Asie (sinon toutes les Églises) à l'ère sous-apostolique.

Malheureusement, les relations littéraires interfèrent parfois avec la classification historique, et nous sommes donc obligés de reporter le traitement du 1er au 3e Jean et des épîtres de « l'Esprit » aux églises (Ap. I . 3), qui appartiennent réellement à notre époque actuelle . groupe (*a*) d'écrits contre les hérésies de l'Asie (proconsulaire). Leur relation avec le canon spécial d'Éphèse, dont les écrits sont tous attribués à Jean, rend commode de les considérer sous un autre rapport. Le lecteur doit cependant garder à l'esprit que le groupe s'étend continuellement jusqu'aux épîtres d'Ignace et se concentre sur Éphèse, où , selon Actes xx. 29 *f.* , les « loups cruels » devaient entrer après le départ de Paul.

Des considérations similaires affectent le regroupement de l'Épître de Jacques, qui exige presque une classe à part. On pourrait le qualifier d'anti-hérétique, sauf que sa nature est à l'opposé de la controverse et que son auteur ne semble avoir aucun contact direct avec les faux enseignants. D'une manière lointaine et générale , il déplore les vains discours et disputes qui vont de pair avec un relâchement des vertus chrétiennes pratiques. Dans l'ensemble, il semble plus correct de classer Jacques avec 1er Pierre et Hébreux, d'autant plus qu'il montre une dépendance littéraire directe à l'égard du premier, voire des deux.

Notre deuxième groupe (*b*) se compose d'écrits qui ne concernent pas principalement l'hérésie. Son premier et meilleur exemple parle au nom de Pierre comme représentant du christianisme « apostolique » à Rome. Mais la doctrine, et même la phraséologie et les illustrations de 1 Pierre sont largement empruntées aux plus grandes épîtres de Paul, en particulier aux Romains et aux Éphésiens. Rien ne suggère, même de loin, un auteur qui avait entretenu des relations personnelles avec Jésus ou qui pouvait raconter ses paroles et ses actes merveilleux. Au contraire, la doctrine est l'évangile de Paul sans l'aiguillon de l'abolition de la Loi. Compte tenu des conditions internes connues des églises auxquelles s'adresse Ier Pierre dans le Pont, en Galatie, en Cappadoce, en *Asie* et en Bithynie, il est remarquable de constater à quel point le sujet de l'hérésie ou de la fausse doctrine est complètement ignoré. Leur adversaire le diable ne prend pas actuellement la forme d'un serpent séducteur (2e Cor. xi. 3), mais d'un "lion rugissant" détruisant et dévorant ouvertement (1er Pierre v. 8 s.), et les mêmes *souffrances* . que les Asiatiques sont appelés à endurer sont infligés à leurs frères du monde entier. Il se déroule une « persécution ardente » systématique et universelle, qui surprend presque (iv. 12) et peut contraindre tout croyant, après avoir fait « la défense » devant le magistrat de « l'espérance qui est en lui », à « souffrir comme un chrétien » et « glorifier Dieu en ce nom ». L'auteur exhorte à une conduite citoyenne irréprochable, à la bonté et au bon ordre dans la confrérie. Si une telle irréprochabilité de vie est combinée avec une patience patiente face au châtiment injuste, les chrétiens qui doivent encore sanctifier dans leur cœur le Christ (et non l' Empereur) comme Seigneur, seront finalement laissés indemnes.

Aussi supérieure que soit cette noble exhortation à l'endurance patiente de la souffrance dans la douceur du Christ par rapport à la rhétorique controversée de II Pierre, infiniment meilleure que soit son attestation dans les temps anciens et modernes, même les critiques modernes les plus conservateurs sont obligés de la considérer comme au moins semi-pseudonyme. Il serait peut-être tout simplement possible de ramener les conditions de persécution présupposées à l'époque de Néron. Mais s'il s'agit de Pierre écrivant depuis Rome après les récents martyrs de Jacques et de Paul, pourquoi n'y a-t-il aucune allusion à l'un ou l'autre ? Là encore, on pourrait éventuellement prolonger la vie de Pierre (contre toute probabilité) jusqu'au début du règne de Domitien (81-95). Dans ce cas, l'absence de toute allusion aux grands événements survenus récemment en Palestine serait presque tout aussi difficile à expliquer. De plus, quelle que soit la datation, le véritable auteur reste un homme de lettres, un pauliniste , un juif grec, et la part attribuable à Pierre personnellement devient des plus obscures. Le point de vue le plus simple et (comme l'auteur actuel en est venu à le croire) le plus probable est que 1er Pierre, comme les écrits ultérieurs qui ont pris ce nom, est entièrement pseudonyme. Si cependant il est apparu (comme nous en sommes persuadés) une vingtaine d'années après la mort de l'Apôtre, parmi ceux qui en étaient parfaitement conscients, sans autre déguisement, mais traitant franchement de la situation existante, c'est une sorte de pseudonymat qui devrait être rangé parmi les fictions littéraires et les conventions inoffensives car (à l'époque) parfaitement transparentes. Les lettres écrites sous des noms fictifs étaient en fait un procédé littéraire très courant à l'époque.

Quoi qu'il en soit, l'Apôtre apparaît comme un vieil homme (v. 1) écrivant depuis « Babylone » – considéré à juste titre par les pères comme un cryptogramme de Rome. Les salutations sont transmises par Marc, son « fils » (*cf.* Philem. i . 10). Le porteur (l'écrivain ?) est représenté comme étant Silvain (comme Marc, un compagnon de Paul ayant également des relations avec Jérusalem), et Silvain est salué comme un disciple « digne de confiance ». L'auteur déclare que son objectif est « d'exhorter et de témoigner que c'est la vraie grâce de Dieu dans laquelle vous vous trouvez ».

Aussi ignorants que nous soyons du nom de son auteur, il est heureux pour notre étude de l'époque que la date du 1er Pierre soit assez déterminable par la convergence de preuves externes et internes. Des échos en apparaissent déjà chez Clément de Rome (95) ainsi que chez Jacques et Hermas . Nous devons donc y penser comme une main d'encouragement cordiale tendue par un représentant de l'Église pétro-paulinienne de Rome, peu après le déclenchement de la persécution de Domitien (c. 90), aux églises encore indépendantes mais souffrantes de *Rome* . Asie Mineure. Si l'on se souvient qu'il s'engage à approuver la doctrine d'un tiers de la chrétienté contemporaine, et qu'il offre (en substance) une « lettre de félicitations » à Silvain, il sera évident qu'aucun nom de moindre autorité que celui de Pierre n'aurait pu servir. Comme Zahn l'a bien fait remarquer : « Ce qui est important... c'est que c'est Pierre, l'apôtre le plus distingué de la circoncision (Galates 2, 7), qui témoigne de l'authenticité de leur état de grâce.

Il faut placer à côté du premier Pierre une autre épître dans laquelle le motif de l'exhortation à endurer la persécution sans relâchement des normes morales est prédominant, quoique non exclusif, et une seconde, dans laquelle il n'apparaît que dans un léger écho d'« épreuves » : qui s'avèrent cependant, à mesure que le lecteur avance, n'être que des « tentations », alors que la véritable raison de l'écriture est claire : une relaxation morale sans hérésie ni persécution pour l'excuser. Les deux écrits en question sont « l'exhortation » anonyme transmise sous le titre « Aux Hébreux » et la soi-disant épître (en réalité une homélie) de Jacques. Hébreux commence par une exposition des deux psaumes que Paul avait cités dans sa référence dans 1 Cor. XV. 24-28 à l'exaltation de Jésus (Ps . viii. et cx.) prouvant qu'il est le Fils, qui, après une subordination temporaire aux anges, a été élevé au-dessus d'eux à la place de domination suprême. Christ a ainsi opéré une plus grande rédemption que Moïse et Josué. Il est aussi «grand-prêtre selon l'ordre de Melchisédek » selon le Ps. cx.; de sorte que le sacerdoce et le cérémonial d'Aaron sont surpassés ainsi que la législation mosaïque, par le sacrifice du Calvaire et l'intercession du Rédempteur ressuscité. Il n'est pas étonnant qu'au cours de la période de débat contre le judaïsme, les faiseurs de canon aient donné à ce sermon anonyme un titre qui le classe au premier rang dans la classe des pamphlets controversés ultérieurs « contre les Juifs ». La controverse, cependant, est subordonnée, dans le but de l'écrivain, à l'édification. Il n'est pas inconscient des dangers de ce « culte des anges » superstitieux contre lequel les épîtres asiatiques de Paul étaient dirigées, mais sa démonstration de la supériorité des institutions et des objectifs du christianisme sur ceux du judaïsme a pour objectif pratique de renforcer la le courage et la « foi » de ses lecteurs sous la pression de la persécution. Son argument culmine dans une liste inspirante de héros et de martyrs bibliques, menant en point culminant à « Jésus, l'auteur et le perfectionneur de notre foi ». Tout comme Jésus a enduré, regardant au-delà de la honte et de la souffrance de la croix vers la joie de sa récompense, les lecteurs devraient « endurer leur châtiment ». L'apostasie connaîtra un châtiment effrayant lors du jugement du feu. A cette homélie (Héb. i. -xii.) est annexé un chapitre concluant (probablement de l'auteur lui-même) qui la transforme en lettre. L'auteur est un enseignant de l'Église de la deuxième génération, comme il l'avoue franchement (ii. 3) ; un disciple de Paul, à en juger par son utilisation de la doctrine de Paul et de certaines de ses épîtres, notamment aux Romains. À en juger par son style rhétorique, ses idées et son mode de pensée alexandrins, il est le genre de professeur qu'Apollos aura été. À l'heure actuelle, il est séparé de son troupeau (XIII, 19). Où ils se trouvent, nous ne pouvons que déduire de xiii. 24, qui transmet les salutations des gens du quartier de l'écrivain qui viennent « d'Italie ». Lui-même est probablement parmi les églises pauliniennes, car il donne des nouvelles de Timothée (XIII, 23) et espère venir bientôt en compagnie de lui. Ephèse, où Apollos se trouvait pour la dernière fois, pourrait être le lieu d'écriture. Hébreux semblerait alors avoir été écrit à Rome, longtemps après le premier « grand combat d'afflictions » (l'épidémie néronienne de 64) et alors que le danger de « s'évanouir sous le châtiment » d'une seconde persécution (celle de Domitien vers *90*) était imminent. De légères indications que nous avons d'une relation littéraire entre Hébreux et 1er Pierre suggèrent la priorité de Hébreux, mais la date et l'occasion doivent être presque les mêmes.

"James" est aussi une homélie exhortant à l'endurance patiente, mais rien n'indique qu'elle ait jamais été envoyée quelque part sous forme de lettre, à l'exception de la brève suscription écrite à l'imitation du 1er Pet. je . 1. "Jacques... aux douze tribus de la Dispersion." Imaginez le mode de livraison ! Elle n'est pas non plus provoquée par une urgence particulière. Il y a une allusion à une fausse doctrine. C'est l'hérésie (!) de « la justification par la foi sans les œuvres ». Mais l'auteur n'est pas plus conscient de contredire Paul que Luc dans sa description de l'apostolat et de l'Évangile de Paul. Il se fait simplement passer pour « l'évêque des évêques » s'adressant à la chrétienté dans son ensemble, dépréciant la bavardage des « nombreux enseignants » et louant plutôt la « sagesse » d'une « bonne vie ». Il y a des protestations contre l'oppression. Mais il ne s'agit que de l'oppression des pauvres par les riches dans la fraternité chrétienne. Il revient sur ce sujet con amore. De toute évidence, l'Église de son époque se caractérise par une mondanité de pensée et de conduite, parmi le clergé et les laïcs. Mais toute couleur de région ou de période manque. Prenez 1er Pierre, remplacez le chef de la succession de Jérusalem par le chef de la succession romaine, supprimez la doctrine paulinienne, les traces de Jésus et son évangile de filiation, supprimez les références particulières aux conditions locales et aux urgences particulières, ne laissant que des généralités morales , et le résultat ne sera pas sans rappeler l'épître de Jacques. L'auteur a entendu parler du paulinisme, a lu Hébreux (Jac. ii. 21-25 ; v. 10) et a imité 1er Pierre (Jac. 1 , 18, 21 ; iv. 6 *s.* ; v. 20). . De solides arguments ont même été avancés pour prouver qu'il n'était pas du tout chrétien. Il l'était probablement, ne serait-ce qu'en raison de ses liens littéraires avec les écrits antérieurs mentionnés ci-dessus et de l'influence exercée par les siens sur Hermas (Rome, 120-140), et peut-être sur Clément (Rome, 95). Mais quant au lien avec le Jésus historique, « Élie » est son exemple d'homme de prière (v. 13-18), et « Job » et « les prophètes » sont son « exemple de souffrance et de patience » (v. 10 f) . .). Les Hébreux peuvent montrer davantage de l'influence de Jésus que cela (Héb. v. 7 *s.* , XII. 2-4). Comme Hermas (qui cependant ne mentionne même pas le nom de Jésus), « Jacques » le considère simplement comme « le Seigneur de gloire », sans se demander comment il est devenu tel.

Hormis la suscription, dont le but est uniquement de revêtir l'homélie de l'autorité d'un nom vénéré dans toute l'Église « catholique », rien ne relie Jacques à la Syrie plutôt qu'à toute autre région en dehors du champ de mission de Paul. Même la Palestine pourrait être son lieu d'origine si la date était suffisamment tardive pour expliquer le style grec. En tout cas, c'est la première chose que nous connaissons à Rome. Il y a des raisons de penser que Clément de Rome (95 AP. J.-C.), dont la moralisation est du même type, a été directement influencé par Jacques. Si c'est le cas, nous avons chez Jacques, Clément et Hermas une série illustrant le déclin à Rome de l'évangile paulinien de révélation consciente et d'inspiration vers les niveaux monotones de la simple catéchèse « catholique ».

En tenant compte des différences entre les critiques quant à la date et à l'origine des épîtres non controversées de l'époque sous-apostolique, il est facile de voir que la marche incessante des événements reprend et accomplit les efforts et la prière de Paul pour l'unité du monde. deux branches de l'Église. Un grand événement de cette période, qui pour nous ressort avec une vivacité saisissante dans les pages de l'histoire, est curieusement sans trace ni reflet dans cette littérature. Nous recherchons en vain dans le Nouveau Testament la moindre allusion (en dehors des écrits directement ou indirectement dérivés de la Palestine elle-même) à la chute de Jérusalem en 70 APRÈS J.-C. et à la cessation consécutive de la vie nationale juive et du cérémonial du temple. L'éloignement des écrivains dont nous parlons, tant du point de vue du temps que de l'intérêt national, des affaires de Jérusalem n'est pas la seule cause. Le sort du temple n'a pas eu pour effet d'affaiblir les types de judaïsme avec lesquels l'Église de l'époque sous-apostolique a dû lutter. Le légalisme pharisien de la synagogue n'a fait que se renforcer lorsque le sacerdoce sadducéen creux s'est effondré, et le cérémonial du temple est devenu simplement un cérémonial sur papier, l'affaire non plus du prêtre et du Lévite, mais du scribe et du pharisien. Il en va de même pour le judaïsme dénationalisé de la Dispersion, un danger plus insidieux pour les premiers convertis du paganisme que le type légaliste plus strict. L'écrasement de la rébellion nationaliste, la suppression temporaire du parti de la guerre, les Zélotes, n'ont fait que renforcer et promouvoir le pharisaïsme , et la dispersion n'a guère été affectée par les pertes de la guerre. Lorsque Jérusalem et le temple tombèrent, le temple et la ville étaient devenus des facteurs totalement superflus pour les deux parties dans le grand conflit entre l'Église et la synagogue. Hébreux connaît un type de judaïsme qui est redoutable en raison de l'attrait de ses ordonnances des anges et de son système sacerdotal écrit dans un livre d'autorité divine reconnue. Mais le point caractéristique est que dans Hébreux, aussi bien que dans Barnabas et Justin Martyr, c'est seulement la prescription et non la pratique qui est en cause. Mais du fait que le « nouveau testament » d'Héb. ix. 15 n'est toujours pas écrit, sa controverse pourrait à juste titre être décrite comme une bataille de livres.

D'un autre côté , la pression de la persécution à l'extérieur, combinée à la disparition de la direction créatrice à l'intérieur, force visiblement les provinces indépendantes de la chrétienté à s'unir organiquement sous le principe de l'autorité apostolique. Pierre est d'abord la première et la plus grande preuve de cette tendance à l'union favorisée par la pression extérieure.

Hébreux et Jacques illustrent ensuite le besoin ressenti de maintenir à leur pleine hauteur les normes à la fois de la doctrine et de la morale. Le christianisme ne doit pas être pensé au même niveau que le judaïsme, il est la révélation finale et universelle. Il ne faut pas le pratiquer sans enthousiasme, avec une « double pensée », ni en vain philosopher et en faisant des professions démenties par les actes. Elle doit être obéie comme une loi nouvelle et royale, miroir de la perfection divine.

Si donc nous passons de ces preuves de la situation générale de l'Église et de l'empire aux dangers intérieurs révélés par les écrits contre l'hérésie, nous verrons comment cette influence perturbatrice, déjà clairement appréhendée dans les écrits ultérieurs de Paul, se fait de plus en plus fortement sentir. , et sous une forme de plus en plus définie, avec Éphèse et les églises d'Asie comme foyer principal.

Les épîtres pastorales, dans leur forme actuelle, ne peuvent pas être datées bien avant l'époque où elles ont commencé à être utilisées par Ignace et Polycarpe (110-117). En effet, certaines phrases (peut-être des ajouts éditoriaux) semblent impliquer une date encore plus tardive, comme dans 1er Tim. vi. 20, Timothée est mis en garde contre les « antithèses de la Gnose mal appelée », comme s'il faisait directement référence au système de Marcion pour ce titre. Leur but avoué est de contrecarrer les incursions de l'hérésie, et le remède appliqué est l'autorité et la discipline ecclésiastiques. L'évangile inspiré de Paul sur la filiation et la liberté, sa conception de la rédemption en Christ comme un triomphe sur les dirigeants spirituels du monde de ces ténèbres, se trouvent bien plus dans 1 Pierre et dans Hébreux qu'ici. Rien n'apparaît du large horizon de Paul, de son esprit de conquête missionnaire, de son dévouement à l'unité des Juifs et des Gentils dans leur accès commun au Père dans un seul Esprit. Il n'y a aucune trace des grandes doctrines pauliniennes sur le conflit de la chair et de l'esprit, le remplacement de la dispensation de la Loi par la dispensation de la Grâce, l'Adoption, la Rédemption, l'Héritage. L'attention est entièrement tournée vers les conditions locales, le maintien de la doctrine et de l'ordre transmis, la résistance à l'avancée des « vains propos », des « fables juives », des « questions insensées, des généalogies et des conflits au sujet de la Loi », qui vont de pair avec laxisme moral. En bref, la perspective et l'humeur sont celles de l'épître de Jacques, tandis que le remède est celui des Actes et des épîtres d'Ignace. Le Paul qui parle ici n'est pas le missionnaire et le mystique, mais l'ecclésiastique astucieux. Il n'y a que trop de preuves pour montrer que dans le champ missionnaire paulinien, le remède utilisé contre la licence de pensée et d'action qui menaçait de décadence et de dissolution après l'extinction de l'inspiration apostolique était la religion d'autorité, doctrinale et disciplinaire, et non la religion d'autorité. religion de l'Esprit. Les personnes nommées par l'Église prennent la place d'enseignants et de défenseurs de la foi de ceux qui avaient été les apôtres et les prophètes inspirés de son extension.

Et de l'autre côté se trouvent les faux enseignants. Ils sont de caractère juif dans leur doctrine, aspirant à être des « enseignants de la Loi », bien qu'ils en ignorent réellement le sens. Les pires d'entre eux sont de vrais Juifs (Tit. I . 10), ce qui implique que certains ne l'étaient pas. D'ailleurs le type de doctrine ressemble encore moins au pharisaïsme de la synagogue qu'à la « philosophie et vaine tromperie » réprimandée par Paul à Colosses . Il existe une distinction similaire concernant les viandes (traitées dans 2e Tim. iv. 1-5 comme une doctrine visant à « séduire les esprits et les démons »), ainsi qu'une interdiction du vin et du mariage. A cette tendance ascétique s'ajoute une tendance également marquée au libertinage et à l'amour de l'argent (2e Tim. iii. 1-9). Les deux phases nous rappellent la « concision » des lettres ultérieures de Paul. Mais à côté de ce développement plus vaste, de nouvelles caractéristiques apparaissent, de type hellénistique plutôt que juif. La nouvelle doctrine de la résurrection comme quelque chose de « déjà passé » est plus étroitement liée à la mystique paulinienne, à l'union actuelle du croyant avec la vie du Christ « caché en Dieu », qu'à l'idée juive du retour sur terre dans une chair ressuscitée. . Le paulinien des Pastorales préfigure déjà le grand conflit d'Ignace, Justin et Irénée contre ceux qui "ont nié la résurrection", en pervertissant (comme le prétendent les pères) le sens de la parole de Paul, "la chair et le sang ne peuvent hériter du royaume de Dieu". (*cf.* 2e Pi. iii. 16). Et les pastorales tendent vers la doctrine non paulinienne qui sera bientôt formulée dans l'Église « catholique » : « Je crois à la résurrection de la *chair* ». Une fois de plus, la fausse doctrine se déclare clairement comme une forme de Gnose. "Ils prétendent connaître Dieu, mais par leurs œuvres ils le renient, étant abominables et désobéissants, et réprouvés pour toute bonne œuvre." Et le remède de notre paulinien est la doctrine traditionnelle, le « modèle de paroles saines », le « dépôt » du maître de l'Église, plus particulièrement les paroles saines, « les paroles de notre Seigneur Jésus-Christ, et la doctrine qui est selon à la piété. » Ainsi, même les riches, s'ils font le bien et deviennent « riches en bonnes œuvres », « se prépareront de bonnes fondations pour le temps à venir ».

Il suffit de placer ces écrits pseudo-paulins à côté des épîtres de Jean et d'Ignace pour reconnaître l'avancée de l'hérésie qui se déclara bientôt comme le doketisme gnostique , avec le juif Cerinthus d'Éphèse comme principal représentant. De plus , ce danger intérieur sans cesse croissant du champ missionnaire paulinien, danger non seulement sporadique comme les explosions de persécution, mais constant et croissant, rapproche les deux grandes branches de la fraternité chrétienne sur la base de la « catholicité » et de la « tradition apostolique ». Entre les églises de l' Égée et celle de Rome, où les deux partis se tiennent en terrain neutre, s'échangent des assurances généreuses et sympathiques sur l'unité essentielle de la doctrine lors de la grande explosion de persécution de 85-90. Parmi les Églises pauliniennes elles-mêmes, il y a une réaction irrésistible contre les caprices et le laxisme moral de l'enseignement hérétique envers la tradition « apostolique » et l'autorité ecclésiastique. Il apparaît avec une vivacité presque saisissante dans les épîtres pastorales et trouve sa réponse de l'extérieur, peut-être de Rome, peut-être de Syrie, dans l'homélie habillée comme une encyclique appelée l'épître de Jacques. Il n'est pas difficile de prévoir quelle sorte d'unité chrétienne est destinée à se réaliser. Néanmoins, l'esprit créateur et le génie de Paul devaient trouver leur expression dans un autre produit splendide d'Éphèse avant que l'unité romaine ne soit réalisée. — Mais avant de reprendre les écrits du grand « théologien » d'Éphèse, nous devons retracer la croissance de Syrie et à Rome de la littérature du maître et prophète de l'Église.

PARTIE III

LA LITTERATURE DU CATECHISTE ET PROPHETE

CHAPITRE VI

LA TRADITION MATTHÆENNE DES PRÉCEPTES DE JÉSUS

Comme nous l'avons vu dans notre étude de la littérature ultérieure adressée au champ missionnaire paulinien ou émanant de celui-ci, le professeur d'église et l'ecclésiastique qui y prirent la plume après la mort de Paul n'avaient guère d'autre choix que de suivre le modèle littéraire. du grand fondateur du christianisme gentil. Inévitablement, le produit littéraire typique de cette région est devenu la lettre apostolique, rédigée sur le modèle de celle de Paul, empruntant sa phraséologie et ses idées, lorsqu'elle n'incarnait pas réellement des fragments de sa plume et ne se couvrait pas de son nom. Les homélies sont transformées en « épîtres ». Même la « prophétie », pour obtenir une circulation littéraire, doit avoir comme préfixe les épîtres de « l'Esprit » aux églises ; et quand enfin un évangile est produit, celui-ci est également accompagné, comme nous le verrons, de trois couches successives d'« épîtres » enfermantes.

Au siège du christianisme « apostolique », il était également inévitable que les produits littéraires suivent un modèle différent. Ici, depuis le début, la norme d'autorité avait été le commandement de Jésus. L'apostolat signifiait la capacité de transmettre son enseignement, et non la dotation d'une compréhension du mystère du dessein divin révélé dans sa croix et sa résurrection. « L'Évangile » était l'Évangile *de* Jésus. Les lettres de Paul, si elles ont circulé en Syrie et en Cilicie à cette époque, n'ont eu qu'un effet relativement limité sur des écrivains comme Luc et Jacques. A Rome, la situation était quelque peu différente. Ici, l'influence paulinienne s'était effectivement superposée à une souche originellement judéo-chrétienne. L'Évangile romain de Marc présente donc exactement les caractéristiques que l'on peut attendre de cette communauté pétro-paulinienne. Antioche aussi, bien que lors de la rupture sur la question de la communion fraternelle, ait pris le parti de Jacques, Pierre et Barnabas contre Paul, avait toujours eu un fort élément païen. Mais Jérusalem, l'Église des apôtres et des anciens, avec son califat dans la famille de Jésus et son zèle pour les institutions juives et la Loi, était le siège prééminent de l'autorité traditionnelle. Aucun autre évangile, oral ou écrit, ne pourrait un instant se comparer à son propre trésor de préceptes de Jésus. Sa propre estime de lui-même en tant que conservateur de l'orthodoxie et gardien du dépôt sacré, clairement reflétée dans les pages d' Hégésippe , était de plus en plus acceptée par les autres Églises. « Jacques » et « Jude » n'étaient probablement pas les vrais noms des auteurs de ces épîtres « générales » ou « catholiques » ; mais ils montrent dans quelle direction les hommes regardaient lorsqu'il était nécessaire de contrecarrer une tendance largement répandue au relâchement moral et aux vaines disputes, ou à l'hérésie démoralisante.

Nous avons également vu à quel point la réaction après la mort de Paul était inévitable, même parmi ses propres églises, vers une norme d'autorité historique. Plus marquée encore que la disposition à se rassembler dans une sympathie fraternelle face à la persécution, est la confiance montrée par les épîtres pastorales dans « les paroles salutaires, les paroles de notre Seigneur Jésus-Christ » (1er Tim. VI, 3) et sur une succession apostolique consolidée comme rempart contre l'avancée désintégrante de l'hérésie. Dans l'Asie (proconsulaire) au début du deuxième siècle, il existe une tendance indubitable et radicale à « se tourner vers la parole qui nous a été transmise depuis le commencement » (*Ep. de Polyc* . , VII.) contre ceux qui « pervertissaient les paroles de le Seigneur à leurs propres convoitises. » L'ancienne « parole de prophétie » et les anciennes révélations accordées aux voyants apostoliques furent également mises à profit par des hommes comme Papias et l'auteur de 2e Pierre contre ceux qui « niaient la résurrection et le jugement ».

Ce Papias de Hiérapolis, ami et collègue de Polycarpe, avait entrepris contre « les faux docteurs et ceux qui ont tant à dire », d'écrire (probablement après la destruction totale de la communauté des « apôtres, des anciens, et témoins' à Jérusalem en 135), *une exposition des paroles du Seigneur* . Il fonda son travail sur la tradition authentique des témoins de Jérusalem, dont deux (Aristion et Jean « l'Ancien ») vivaient encore au moment de son enquête. En fait, ce « Jean l'Ancien » très controversé, clairement distingué par Papias de Jean le « disciple du Seigneur », peut être identifié, à notre avis, avec le Jean mentionné par Eusèbe et Épiphane à mi-chemin dans la succession des « Anciens ». de l'église de Jérusalem entre 62 et 135 AP . J.-C. Épiphane date sa mort en 117. Papias nous donne pratiquement toutes les informations dont nous disposons sur les débuts de la littérature évangélique. Il connaissait peut-être nos quatre Évangiles. Il connaissait certainement l'Apocalypse et « se portait garant de sa fiabilité », sans doute contre les négationnistes de la résurrection et du jugement. Il "a utilisé des témoignages" de 1er Jean, et probablement la parole de Jésus de Jean XIV. 2 ; mais il semble avoir basé son *exposition* sur deux évangiles seulement, donnant ce qu'il avait pu apprendre de leur histoire auprès de voyageurs qui lui rapportaient des témoignages des « anciens ». Les deux évangiles de Papias étaient notre Matthieu et notre Marc, dont il réconcilia les différences par ce que les anciens de Jérusalem avaient rapporté quant à leur origine. Matthieu, selon ces autorités (?), représentait sous sa forme grecque un recueil des Préceptes du Seigneur qui étaient autrefois courants dans l'araméen original, de sorte que sa circulation avait bien sûr été limitée à la Palestine. Le compilateur original était l'apôtre Matthieu. Divers équivalents grecs de cette compilation avaient pris sa place là où l'araméen n'était pas courant. Ainsi Papias, en dépendance explicite de « l'Ancien » en ce qui concerne Marc, mais sans désignation particulière de son autorité pour la déclaration concernant Matthieu. Il est même possible que sa représentation selon laquelle le Matthieu primitif était « en langue hébraïque » soit due à des rumeurs dont le véritable point de départ n'était rien d'autre que l' *Évangile des Nazaréens* , un produit de *c.* 110-140 qui ont induit en erreur de nombreux pères ultérieurs, en particulier Jérôme. Nous ne pouvons cependant pas nous permettre de négliger la portée générale du témoignage porté par quelqu'un comme Papias concernant les origines de la composition évangélique, et en particulier les deux branches dans lesquelles la tradition était divisée. Car Papias avait fait une enquête diligente. De plus, son témoignage n'est pas isolé, mais s'appuie sur des références encore plus anciennes (*par exemple* 1er Tim. VI. 3, Actes I. 1) et sur la preuve interne des Évangiles synoptiques eux-mêmes. Le motif de sa déclaration est d'excuse. Des différences entre les deux Évangiles avaient été signalées, tant au niveau des paroles que des événements. Papias montre que la tradition évangélique ne peut être tenue responsable de l'accord verbal entre les deux récits parallèles des paroles du Seigneur. Les différences sont imputables à la traduction. Il en va de même pour les événements. La correspondance exacte de Marc avec Matthieu (ou d'autres évangiles) n'est pas à rechercher, notamment en ce qui concerne l'ordre ; parce que Marc n'avait pas lui-même été disciple et ne pouvait pas obtenir le véritable ordre de Pierre, dont il reproduisait les anecdotes ; car lorsque Marc a écrit, Pierre ne vivait plus. Mark a reproduit fidèlement et précisément son souvenir des « choses dites ou faites », telles que les raconte Peter. Mais Pierre n'avait pas eu l'intention, comme Matthieu, de faire une compilation systématique (*syntagme*) des paroles du Seigneur, et n'avait raconté ses anecdotes que « lorsque l'occasion l'exigeait ». Si la tradition concernant Matthieu, ainsi que celle concernant Marc, provenaient de l'Ancien, lui aussi, ainsi que Papias, connaissait le Matthieu grec ; le considérant comme une « traduction » de la *Logia apostolique* , il fait naturellement de Matthieu la norme et explique comme ci-dessus la grande divergence de Marc quant à l'ordre.

L'ancien de Jérusalem qui différencie ainsi les deux grandes branches de la tradition évangélique en préceptes matthéens et en paroles et actes pétriniens, est probablement « l'ancien Jean » ; car les « traditions » de cet ancien furent si abondamment citées par Papias qu'elles conduisirent Irénée , et après lui Eusèbe, à en déduire injustifiéement un contact personnel. Irénée identifia même l'Ancien Jean avec l'Apôtre, transportant ainsi non seulement lui, mais tout le corps des « Anciens et des disciples » de Jérusalem en Asie, un malentendu prégnant sur lequel nous devrons revenir plus tard. En attendant, il faut noter que cette distinction fondamentale entre *les syntagmes* des Préceptes et les récits des Paroles et des Faits nous ramène aussi loin qu'il est possible de pénétrer dans l'histoire de la composition évangélique. L'œuvre primitive de l'apôtre Matthieu a probablement été réalisée à et pour Jérusalem et ses environs – certainement si elle est écrite en araméen. La date, si l'on en croit les premières traditions, était « lorsque Pierre et Paul prêchaient et fondaient l'Église à Rome ». La tradition orale a dû commencer le processus encore plus tôt. [16] Le travail de Marc a été réalisé à Rome, selon des preuves internes non moins que par la voix unanime de la tradition ancienne. Elle date « d'après la mort de Pierre » (64-5) selon l'ancienne tradition. Selon les preuves internes, il a certainement été écrit peu de temps avant, et probablement quelques années après, le renversement de Jérusalem et du temple (70). Au moment où Papias écrivait donc (*vers* 145), les quatre évangiles étaient probablement connus, bien que seuls Matthieu et Marc fussent considérés comme faisant autorité parce que (indirectement) apostoliques. Au moment où il a mené son enquête, la voix de la tradition (palestinienne) était encore « vivante et constante ». Si, comme les temps et la phraséologie semblent l'impliquer, cela signifie Aristion et l'Ancien Jean (*ob.* 117 ?), il est raisonnable de considérer que cela s'étend sur une génération complète. Le Matthieu original était déjà à cette époque (*vers* 100), et en Palestine même, un livre dépassé. Il eut trois successeurs, sinon plus, deux grecs et un araméen, tous conservant toujours leur droit au nom et à l'autorité de Matthieu [17] ; mais tout avait été refondu dans un cadre narratif qui, au moins dans le cas de notre premier Évangile canonique, était emprunté à l'œuvre romaine de Marc. Pour autant que nous permettent d'en juger les fragments restants de ses rivaux, il en va de même pour eux, quoique dans une moindre mesure. Il est tout à fait vrai pour Luc, l'évangile d'Antioche, que son récit représente les mêmes « souvenirs de Pierre » ; car c'est ainsi que l'Évangile de Marc fut appelé. Ainsi, l'histoire de Pétrine semble presque dès le début avoir acquis une suprématie incontestée. Mais à côté de ce fait remarquable concernant le *récit évangélique* se trouve la confirmation tout aussi notable des autres déclarations des « Anciens » concernant les Préceptes. Car toute la critique moderne admet qu'outre le matériel de Marc, que Matthieu et Luc incorporent librement, en omettant très peu, nos premier et troisième évangélistes ont incorporé, dans (généralement) la même traduction grecque mais dans un ordre très varié, de grandes sections d'une ou plusieurs premières compilations des paroles de Jésus.

Il est indispensable, pour apprécier l'environnement dans lequel tout évangile est né, de comprendre qu'aucune communauté n'a jamais produit et adopté de manière permanente comme « évangile » une présentation partielle *du* message de salut. Pour lui, l'écriture devait incarner, du moins pour l'époque, le message, tout le message, et rien que le message. Un changement d'avis quant au contenu essentiel du message impliquerait un supplément ou une modification de l'évangile écrit utilisé. Aucun écrit de ce genre ne serait produit avec une référence tacite à un autre pour un autre aspect de la vérité.

le remplacement et la disparition des anciennes paroles de Matthæan (les soi-disant *Logia*) ; et une simple « traduction » n'est pas non plus le mot pour décrire ce qui a pris sa place. La croissance du christianisme dans le monde de langue grecque a non seulement obligé Jérusalem à déverser son trésor de tradition évangélique dans la langue de l'empire, mais a également stimulé le sentiment de ses propres besoins croissants. Ce qui pouvait autrefois être fourni par des témoins oculaires, le témoignage des œuvres puissantes de Jésus, de sa mort et de sa résurrection, était désormais en train de disparaître rapidement. Et en même temps, on prenait de plus en plus conscience de son importance. Il était impossible d'être aveugle aux conquêtes faites par l'Évangile *sur* Jésus. Enfermé en elle, en tant que partie intégrante de sa substance, l'Évangile *de* Jésus a trouvé son dernier lieu de repos, tout comme l'Église mère elle-même a ensuite été reprise et incorporée dans une chrétienté catholique. C'est ainsi qu'à l'époque des Anciens, l'Église des « apôtres, anciens et témoins » a fait plus que simplement remplacer leur *Syntagme araméen (?)* des Préceptes par des « traductions ». Ils avaient adopté en parallèle les « Souvenirs de Pierre » de Marc de Rome quant aux « choses dites ou faites par le Seigneur ». Nous pouvons en effet voir, à la manière apologétique avec laquelle « l'Ancien » parle des limites de Marc (Pierre ne doit pas être tenu responsable du manque d'ordre) que l'autorité de Marc est encore considérée comme assez secondaire par rapport à celle de Matthieu ; mais le fait même que son œuvre ait reçu une quelconque autorité, et plus encore le fait qu'elle soit devenue le cadre dans lequel le *syntagme* d'antan a été placé, marque un changement de point de vue grand et fondamental quant à ce qui constitue « l'Évangile ». ".

Aucun simple *syntagme* des Préceptes de Jésus ne nous est jamais parvenu, bien que les feuilles de papyrus des « Paroles de Jésus » découvertes en 1897 à Behneseh en Égypte par Grenfell et Hunt aient quelque chose de ce caractère. [18] Il était impossible qu'une communauté quelconque, en dehors de la communauté la plus primitive, où survivaient encore des « témoins personnels du Seigneur » « jusqu'aux temps de Trajan », puisse se contenter d'un « évangile » qui ne donnait que les préceptes de Jésus sans que cela soit nécessaire. autant qu'un récit de sa crucifixion et de sa résurrection. Et, aussi étrange que cela puisse paraître, la preuve de Q (*c'est -à-dire* le matériel coïncident dans Matthieu et Luc non dérivé de Marc), tel que jugé par presque tous les critiques, est qu'aucun récit de ce genre n'a été donné dans la première compilation. des discours dont cet élément est principalement issu. Après que les « témoins », apostoliques et autres, eurent commencé à disparaître, un simple *syntagme* des paroles de Jésus ne pouvait suffire. Il devenait inévitable que les préceptes soient incorporés dans l'histoire. Et pourtant, nous avons au moins deux faits significatifs qui corroborent les indications de la tradition ancienne selon lesquelles cette combinaison aurait été longtemps différée. (18) Lorsqu'elle est enfin réalisée, et certainement dans les régions du sud de la Syrie, [19] même là, il ne reste pratiquement plus de matériel *narratif authentique* que la tradition pétrinienne telle que compilée par Marc à Rome. Notre Matthieu, un juif palestinien, le seul écrivain du Nouveau Testament qui utilise systématiquement la Bible hébraïque, fait une reconstruction théorique de l'ordre des événements dans le ministère galiléen, mais pour le reste, il incorpore simplement Marc substantiellement tel qu'il était. Ce qu'il ajoute en termes de narration est si maigre en quantité, et si manifestement inférieur et de caractère apocryphe, qu'il prouve l'extrême pauvreté de ses ressources de tradition orale de ce type. Luc a des ajouts narratifs un peu plus grands et (en tant que produits *littéraires*) meilleurs que ceux de Matthieu ; mais le montant est encore extrêmement maigre et souvent *historiquement* de faible valeur. Une partie réapparaît dans les fragments survivants de la *Prédication de Pierre* . En résumé, il n'existe en dehors de Marc *aucune* quantité considérable de matériel historique, canonique ou non canonique, sur l'histoire de Jésus. Ce fait serait difficilement explicable si, dans les régions où les témoins ont survécu, la première génération s'intéressait réellement à la perpétuation de la tradition narrative. (2) L' *ordre* même d' événements tels que la perpétuation assurée était déjà désespérément perdu à une époque plus lointaine que l'écriture de notre premier évangile. Cela est vrai non seulement pour Marc, comme « l'Ancien » le confesse franchement, mais pour Matthieu, Luc et tous les autres. Aussi peu chronologique que soit l'ordre de Marc (et la tradition des « anecdotes occasionnelles » s'accorde avec les phénomènes critiques du texte), il est bien plus historique que la reconstruction de Matthieu. D'un autre côté , Luc, tout en s'engageant expressément à améliorer ce point particulier par rapport à ses prédécesseurs, n'ose presque jamais s'écarter de l'ordre de Marc, et lorsqu'il le fait, il n'a jamais le soutien de Matthieu, et généralement pas celui d'une probabilité réelle. En bref, aussi incorrect qu'ils connaissaient l'ordre de Marc, c'était le meilleur qu'on pouvait avoir à l'époque où les évangélistes commençaient à aller au-delà des simples *syntagmes* et à écrire des « évangiles » tels que nous les comprenons, ou, dans leur propre langage, « les choses que Jésus commença *à faire et* à enseigner » (Actes I . 1). De ces deux grands phénomènes remarquables de la critique évangélique, il apparaîtrait clairement que la distinction vaguement perçue dans la tradition des anciens de Jérusalem rapportée par Papias, et en fait par de nombreux écrivains ultérieurs, n'est pas une illusion, mais un fait important et vital.

Un troisième fait important et inattendu surgit à mesure que nous franchissons le cap de l'analyse critique, soustrayant de Matthieu et de Luc d'abord les éléments propres à chacun, puis ceux que chacun déduit de Marc. C'est un fait susceptible, cependant, de diverses interprétations. Pour certains, cela ne fait que prouver soit la futilité de la critique, soit l'inutilité de la tradition ancienne. Pour nous, cela prouve simplement que le processus de transition en Palestine, foyer de la tradition évangélique, depuis le *syntagme primitif* des Préceptes, élaboré sur le plan du traité talmudique connu sous le nom de *Pirke Aboth*, ou « Paroles des Pères », jusqu'au grec type d'évangile narratif, était plus long et plus complexe qu'on ne l'imagine généralement. Un exposé rapide des résultats des efforts critiques visant à reproduire la soi-disant « seconde source » de Matthieu et Luc (Marc étant considéré comme la première) servira à faire ressortir le fait auquel nous nous référons, et en même temps, nous espoir, pour jeter la lumière sur l'histoire du développement de l'Évangile.

Le simple processus de soustraction décrit ci-dessus pour obtenir l'élément Q n'offre pas de difficultés sérieuses, et pour ceux qui attachent de la valeur à la tradition des « Anciens », il est naturel de prévoir que le reste montrera des traits correspondant à la description d'un syntagme apostolique . de paroles du Seigneur traduites de l'araméen, en bref la tant désirée *Logia* de Matthieu. Le résultat réel est décevant par rapport à une telle attente. L'équivalence largement acceptée, bien que peut-être quelque peu inconsidérée, Q = la *Logia* est tout simplement fausse. Q *n'est pas* la *Logia*. Ce n'est pas un *syntagme*, ni même un tout cohérent, et tel qu'il se trouvait devant nos premier et troisième évangélistes, il n'était pas (au moins pour une partie considérable) en araméen. Il est vrai que Q se compose *presque* exclusivement de matériel discursif, dont une grande partie n'a qu'un ordre topique et est totalement, ou principalement, dépourvu de lien narratif. Nous trouvons également des traces ici et là de traduction à une certaine époque de l'araméen, mais pas plus dans l'élément Q que dans Marc. Mais pour ceux qui attendaient une confirmation immédiate de la tradition, le résultat a été dans l'ensemble décevant. Certains, notamment parmi les critiques anglais, ont considéré que cela justifiait un recours aux généralités plus vagues de la théorie autrefois prédominante de la tradition orale. En réalité, nous sommes simplement appelés à renouveler le processus de discrimination. La plupart du matériel Q a le caractère d'un dicton et est lié à cette absence d'ordre topique que nous recherchons dans un *syntagme* . Mais certaines parties, comme la guérison du serviteur du centurion (Matt. VIII. 5-10, 13 = Luc VII. 1-10), ou la prédication du Baptiste et l'histoire de la tentation (Matt. III. 7-10, 12 ; iv. 2-11 = Luc iii. 7-9, 17 ; iv. 2-13), refusent obstinément d'être rangés dans cette catégorie. De plus, cette dernière section a pour motif indubitable de présenter Jésus, *dans son caractère et son ministère,* comme « le Fils de Dieu », précisément comme dans Marc. Il commence par l'introduction de Jésus sur la scène lors du baptême de Jean, d'après l'ancien schéma narratif (Actes I . 22 ; X. 37 *s.*), et ne peut être imaginé comme faisant partie d'autre chose qu'un *récit* ayant la conclusion caractéristique de notre propre type d'évangile. D'autres sections considérables de Q, telles que la question des disciples de Jean et le discours de Jésus sur ceux qui ont « trébuché » en lui (Matt. xi. 2-11, 16-27 ; Luc vii. 18-35 ; x. 13- 22), partagent avec la section

Baptême et Tentation non seulement le motif doctrinal de féliciter Jésus dans sa personne et son ministère de Fils de Dieu tant attendu, mais aussi dans un certain nombre de caractéristiques qui les distinguent tout à fait de la masse générale des préceptes et des paraboles de Q. Nous ne pouvons ici mentionner que les éléments suivants : (1) la coïncidence linguistique entre Matthieu et Luc est beaucoup plus grande dans ces sections de Q, souvent même plus grande que dans les sections empruntées à Marc, montrant clairement l'existence d'un commun document rédigé non pas en araméen, mais en langue grecque. (2) Ce matériel, contrairement à la plupart de Q, a servi de source et de modèle dans de nombreuses parties de Mark. (3) Il n'est pour la plupart pas inclus dans les cinq grands blocs dans lesquels Matthieu a divisé les préceptes au moyen d'une formule finale spéciale (vii. 28 ; xi. 1 ; xiii. 53 ; xix. 1 et xxvi. 1) mais apparaît à l'extérieur, sous la forme de suppléments au récit de Markan (iii. 7-iv. 11 ; viii. 5-13, 18-22, xi. 2-27 ; xii. 38-45, etc.). Enfin (4) le matériel Q de ce type semble être donné plus copieusement par Luc que par Matthieu, et avec quelque chose de plus que de simples conjectures de sa part quant à son occasion historique. En fait, puisqu'il semble qu'au moins cet élément de Q était connu de Mark, rien ne justifie l'exclusion de documents tels que l'histoire de la Métamorphose, bien que dans ce cas, il serait nécessaire de prouver que Mark n'en était pas la source. . De même, il serait raisonnable de penser que la grande divergence entre Luc et Marc dans son récit de la Passion est due à sa préférence pour les éléments dérivés de cette source. Seulement, puisque Matthieu a préféré suivre Marc, nous n'avons aucun moyen de déterminer d'où Luc a tiré son nouveau matériel, ici souvent précieux.

L'existence, donc, d'un élément de Q qui ne correspond absolument pas à ce que nous considérons comme le Matthæan Le fait que *le syntagme* ait existé ne prouve en aucun cas ni la futilité de la critique ni l'inutilité de l'ancienne tradition. Cela montre seulement que nos évangélistes synoptiques n'ont pas été les premiers à tenter de combiner le discours et le récit, mais que Luc a au moins eu un prédécesseur dans ce domaine, à qui tous sont plus ou moins redevables. La critique et la tradition montrent ensemble qu'il existe deux grands courants dont dérivent tous les documents historiquement dignes de confiance. L'une est l'histoire évangélique et est principalement dérivée des grandes lignes du ministère de Marc basées sur les anecdotes de Pierre, bien que certains éléments proviennent d'une autre source, principalement préservée par Luc, dont nous devrons discuter dans un chapitre ultérieur consacré à la croissance de Petrine. histoire à Rome et à Antioche. L'autre courant, « Paroles du Seigneur », vient de Jérusalem et est toujours associé sous toutes ses formes au nom de Matthieu. Nous avons toutes les raisons d'accepter l'affirmation selon laquelle dès la fondation de l'Église de Rome (45-50), l'apôtre Matthieu avait commencé le travail de compilation des préceptes de Jésus, sous une forme utile à l'objectif « d'enseigner aux hommes à observez tout ce qu'il a ordonné. Cependant, notre présent Évangile de Matthieu n'est ni cet ouvrage ni une traduction de celui-ci ; car les trois seules choses qui nous sont dites sur l'œuvre de l'apôtre sont toutes inconciliables avec les caractéristiques de notre Matthieu. La compilation des « Paroles du Seigneur » était (1) un *syntagme* et non, comme Marc, une ébauche du ministère. C'était (2) écrit en araméen ; alors que notre Matthieu est une composition grecque originale. C'était (3) par un apôtre qui avait une connaissance personnelle de Jésus ; tandis que notre premier évangéliste dépend au dernier degré de l'histoire de Marc, manifestement défectueuse. Pourtant, si nous considérons notre Matthieu comme le dernier maillon d'une longue chaîne de développement, couvrant peut-être un demi-siècle, et incluant des sous-produits tels que l'*Évangile selon les Hébreux* et l'*Évangile des Nazaréens*, nous pouvons obtenir une lumière bienvenue sur l'environnement dont est issu l'ouvrage qu'un érudit compétent a déclaré à juste titre, « le livre le plus important jamais écrit, l'Évangile selon Matthieu ».

La langue dans laquelle il était écrit était à elle seule suffisante pour placer le grec Matthieu au-delà de toute concurrence possible dans le monde plus large de ses rivaux araméens. Mais son exhaustivité et sa catholicité l'ont encore aidé à atteindre la position qu'il a rapidement atteinte comme l'évangile le plus largement utilisé de tous. Matthieu n'est pas seulement dans sa structure entière un évangile composite, mais il montre à un haut degré la tendance catholicisante de l'époque. Tout comme il adopte franchement le récit romain-pétrinien de Marc avec la moindre modification possible, de même il place entre les mains de Pierre avec la même franchise la primauté dans la succession apostolique. Presque les seuls ajouts qu'il apporte au récit de Marc sur le ministère public sont l'histoire de Pierre marchant sur la mer (XIV. 28-33) et son paiement du tribut du temple pour Christ et lui-même avec la pièce de monnaie de la gueule du poisson (XVII). .24-27). Cette dernière histoire introduit le chapitre sur l'exercice de la direction dans « l'Église » (ch. XVIII.), en commençant par la question des disciples : « Qui *donc* est le plus grand dans le royaume ? Pierre y est à nouveau le seul personnage saillant (XVIII, 21). Un ajout tout aussi important, lié au XVIII. 17 *f.* est la célèbre remise à Pierre du pouvoir des clefs, avec la déclaration faisant de lui, pour sa confession, le fondement « Rocher » de « l'Église ». Cet ajout au récit de Marc sur la réprimande de Pierre à Césarée de Philippe en change décidément la portée, et semble même emprunter le langage même de Gal. je . 16 *f.* afin d'exalter l'apostolat de Pierre. En fait, l'Évangile romain et l'Évangile palestinien inversent presque les rôles que nous devrions attendre de Pierre dans chacun d'eux. Matthieu seul fait de Pierre « le premier » (x. 2), tandis que Marc semble prendre un soin particulier à enregistrer les réprimandes des douze et des frères du Seigneur, et en particulier les réprimandes invoquées contre eux-mêmes par Pierre, ou Pierre et Jean.

En ce qui concerne la primauté de Pierre, nous pouvons observer une certaine différence même parmi les évangiles palestiniens qui ont succédé au *syntagme primitif* de Matthieu. En effet, on sait peu de choses sur l' *Évangile orthodoxe des Nazaréens* , au-delà de son caractère relativement tardif et composite ; car il emprunte tour à tour à Matthieu, Marc et Luc. Mais la liste des apôtres commence par « Jean et Jacques, fils de Zébédée », *puis* « Simon et André », et se termine ainsi : « Toi aussi, Matthieu, je t'ai appelé, alors que tu étais assis au siège de la coutume, et tu m'as suivi . L'Évangile anti-paulinien *selon les Hébreux* montre sa conception du siège de l'autorité apostolique en donnant à « Jacques le Juste » la place de Pierre comme destinataire de cette première manifestation du Seigneur ressuscité, qui a posé le fondement de la foi. Pourquoi alors l'évangile grec-palestinien, contrairement à ses rivaux, met-il un tel accent sur la primauté de Pierre ?

Du ton prudent et (pour ainsi dire) dépréciatif de l'appendice à Jean (Jean XXI.) en cherchant à féliciter « l'autre disciple que Jésus aimait » comme digne d'être accepté comme « vrai témoin » sans nuire à l'autorité reconnue de Pierre comme sous-berger principal du troupeau, nous pouvons en déduire que non seulement à Rome, mais partout où il était question de tradition « apostolique », l'autorité de Pierre devenait rapidement au premier plan. La tendance à Antioche est encore plus marquée qu'à Rome, comme le montrent les Actes. Si donc il semble plus fort encore dans une région où l'on devrait s'attendre à ce que l'autorité de Jacques soit mise en avant, il ne faut pas y voir un trait spécifiquement romain. Nous devons nous rendre compte de l'antagonisme aigu qui existait en Palestine depuis l'époque du concile apostolique, entre (1) les légalistes conséquents, qui maintenaient jusqu'à l'époque de Justin (153) et les *Homélies et reconnaissances de Clémentine* (180-200), leur amère hostilité envers Paul et son évangile de libération des Gentils par rapport à la Loi ; et (2) les juifs-chrétiens « catholiques » ou libéraux, qui ont adopté le point de vue des Piliers. Ce n'est qu'une des nombreuses indications de sa tendance « catholique » que notre Matthieu augmente l'accent mis sur l'autorité apostolique de Pierre au point d'en faire une véritable primauté. Le phénomène doit être jugé à la lumière de la disparition ou de la suppression de toute histoire évangélique, à l'exception de celle qui portait le nom de Pierre, et de la tendance dans les Actes à rassembler sous son nom même tout l'apostolat auprès des Gentils. Pierre n'est pas encore dans ces premiers écrits le représentant de Rome, mais de la *catholicité* . Le problème dans Matthieu n'est pas entre Rome et un autre siège dominant, mais (comme le montre le reflet du langage de Gal. I . 17 *s.* dans Matth. XVI. 17) entre l'autorité apostolique « catholique » et les tendances dangereuses. de l'indépendance paulinienne.

Néanmoins, malgré tous ses penchants pour la catholicité, le grec Matthieu n'a pas entièrement réussi à exclure les éléments qui reflètent encore l'hostilité judéo-chrétienne envers Paul, ou du moins envers les tendances du christianisme paulinien. À maintes reprises, des ajouts spéciaux sont faits dans Matthieu pour souligner un avertissement contre les ouvriers contre « l'anarchie ». L'exhortation de Jésus dans Luc vi. 42-45 pour effectuer une (auto-)réformation non pas en surface, ni en paroles, mais par un changement de la racine intérieure de la disposition, fructifiant dans les actes, est modifié dans Matth. vii. 15-22 dans un avertissement contre les « faux prophètes » qui commettent « l'iniquité » et qui doivent être jugés sur leurs fruits. Ils font la confession de la Seigneurie (*cf.* Rom. X. 9) mais n'obéissent pas au commandement de Jésus et manquent de bonnes œuvres. Notamment le test de Mark ix. 38-40 est directement inversé. Le principe « Celui qui n'est pas contre nous est pour nous » n'est pas digne de confiance. Un enseignant peut exercer les « dons spirituels » de prophétie, d'exorcisme et de miracles accomplis au nom de Jésus, tout en restant un réprouvé. Un ajout similaire (et des plus incongrus) est fait à la parabole de Marc du mari patient (Marc iv. 26-29), dans Matt. XIII. 24-30, et réitéré dans une « interprétation » spécialement annexée (xiii. 36-43). Cet ajout compare les « ouvriers de l'anarchie » à l'ivraie semée aux côtés de la bonne graine de la parole par « un ennemi ». Un attachement incongru similaire est fait à la parabole de la fête des Noces (Matt. XXII. 1-14 ; *cf.* Luc XIV. 15-24) pour mettre en garde contre le manque du « vêtement des bonnes œuvres ». Enfin, Matthieu termine toute sa série de discours de Jésus avec un groupe de trois paraboles développées avec une grande élaboration et un grand effet rhétorique, à partir de suggestions relativement légères comme on en trouve ailleurs. Le seul thème de la série est le caractère indispensable des bonnes œuvres dans le jugement (Matt. 25 ; *cf.* Luc XII. 35-38 ; XIX. 11-28, et Marc IX. 37, 41). Un intérêt similaire apparaît dans l'insistance de Matthieu sur l'obligation permanente de la Loi (v. (16) 17-20 ; xix. 16-22 — contrairement à Marc x. 17-22), sur le respect du temple (xvii. 24). -27) et sur la descente davidique de Jésus, avec l'accomplissement de la promesse messianique en lui (chh . i .-ii.; ix. 27). Il limite l'activité de Jésus à la Terre Sainte (xv. 22 ; contraste avec Marc vii. 24 *s.*), lui fait interdire spécifiquement le travail missionnaire parmi les Samaritains ou les Gentils, et tandis que les Douze (x. 5 *s.*) l'interdiction est finalement levée au xxviii. 18-20, le siège apostolique ne peut être enlevé, mais reste comme en x. 23, parmi « les villes d'Israël » jusqu'à la fin du monde.

Il n'y a probablement pas plus d'opposition intentionnelle à Paul ou à son évangile dans tout cela que dans Jacques ou Luc. Par exemple, nous ne pouvons pas considérer comme une simple coïncidence le fait que dans l'expression « un ennemi a fait cela », dans la parabole de l'ivraie, nous ayons la même épithète que la littérature ébionite applique à Paul. Mais il en reste assez pour indiquer à quel point les préjugés et les limites judéo-chrétiens affectaient encore notre évangéliste. En ce qui concerne l'époque actuelle, l'atmosphère est en tous points celle qui caractérise la période des années 90.

Il n'appartient pas à notre objectif actuel d'analyser cet évangile dans ses éléments constitutifs. Le processus peut être suivi dans de nombreux traités sur la critique de l'Évangile, et les résultats seront résumés dans les *Introductions* au Nouveau Testament, comme dans les récents travaux universitaires de Moffatt. Nous n'avons ici qu'à noter le caractère général et la structure du livre comme révélant les grandes lignes de son histoire et les conditions qui lui ont donné naissance.

Matthieu et Luc se ressemblent en ce sens qu'ils représentent tous deux des tentatives relativement tardives de combiner l'ancien Matthæan *syntagme* avec les « Souvenirs de Pierre » compilés par Marc. Mais il y a une grande différence. Luc contemple son œuvre avec quelques-unes des motivations de l'historien. Il adopte la méthode du récit, et subordonne donc son matériel discursif à une conception (souvent assez confuse) de séquence dans l'espace et dans le temps. Matthieu, comme le montre la structure de son évangile, tout comme son propre aveu, avait un but correspondant plus près à l'ancien type palestinien. La demande de forme narrative était devenue irrésistible. Il contrôlait même ses derniers rivaux grecs et araméens. Mais Matthieu a subordonné le motif historique au motif éthique. Il vise et a rendu exactement le service que son époque exigeait et pour lequel elle ne pouvait se tourner vers aucune autre région que Jérusalem, une compilation complète des commandements et des préceptes de Jésus.

Le cadre narratif est repris de Marc sans modification sérieuse, car cet ouvrage avait déjà prouvé son efficacité pour convaincre les hommes du monde entier que Jésus était « le Christ, le Fils de Dieu ». Comme Luc, Matthieu préfixe le récit de la naissance et de l'enfance miraculeuses de Jésus, car à son époque (*c.* 90) l'ancien "début de l'Évangile" avec le baptême de Jean avait donné lieu à l'hérésie des Adoptionnistes , représentés par Cérinthe. , qui soutenait que Jésus *est devenu* le Fils de Dieu lors de son baptême, un « réceptacle » simplement temporaire de l'Esprit. Les chapitres préfixés n'ont aucune doctrine d'incarnation, ni aucune doctrine de préexistence. Ils n'ont pas l'intention, dans leur histoire de naissance miraculeuse, de raconter l'arrivée d'un être surhumain ou non humain dans le monde, sinon ils ne pourraient pas reprendre le pedigree de Joseph comme démontrant le titre de Jésus sur le trône de David. Le miracle assiste et signale la naissance de ce « Fils de David » qui est destiné à devenir le Fils de Dieu. Indépendamment de la simple question du prodige qui l'accompagne, le but de l'histoire de l'Enfance de Matthieu est tel qu'il devrait susciter le respect et la sympathie de tout penseur rationnel. Contre tout dualisme doketique , il soutient que le Fils de Dieu est tel de la naissance à la mort. La présence de l'Esprit de Dieu avec lui n'est pas une simple contrepartie à la « possession » démoniaque, mais fait partie de sa nature de véritable homme depuis le début.

Mais l'intérêt doctrinal de Matthieu ne dépasse guère le point de prouver que Jésus est le Christ annoncé par les prophètes. La doctrine ainsi que l'histoire sont subordonnées au seul grand objectif d'enseigner aux hommes à « observer tout ce que Jésus a ordonné ».

CHAPITRE VII

LA TRADITION PÉTRINE. HISTOIRE ÉVANGÉLIQUE

Nous avons des preuves extraordinaires de la mesure dans laquelle l'Église primitive pouvait se passer du récit du ministère terrestre de Jésus dans la littérature du christianisme paulinien, d'un côté, et du christianisme juif, de l'autre. Pour Paul lui-même, comme nous le savons, la véritable histoire de Jésus était un drame transcendantal de l'Incarnation, de la Rédemption et de l'Exaltation. Il est probable que lorsque, enfin « trois ans » après sa conversion, il monta à Jérusalem « pour faire la connaissance de Pierre », l'histoire qu'il souhaitait entendre avait encore plus à voir avec ce témoignage apostolique commun des apparitions de résurrection reproduites dans 1 Cor. XV. 3-11, qu'avec les paroles et les actes du ministère. Sur ce point, Paul garde, comme nous l'avons vu, un silence presque ininterrompu. Et ce qui n'intéressait pas Paul, n'intéressait naturellement pas ses églises.

D'un autre côté , ceux qui auraient pu perpétuer un récit complet et authentique du ministère ont été incroyablement lents à entreprendre la tâche ; en partie, sans doute, à cause de leur vive attente de la fin immédiate du monde, mais en grande partie aussi parce que, à leur avis, les données qui avaient le plus besoin d'être préservées étaient les « mots qui donnent la vie ». L'impression du caractère de Jésus, de sa personne et de son autorité n'était pas, à leur avis, une chose qu'on pouvait tirer du schéma historique de sa carrière. Elle a été établie par le fait de la Résurrection, par les prédictions des prophètes, qui se sont réalisées dans les circonstances de la naissance de Jésus, dans des incidents particuliers ici et là dans sa carrière et son destin, mais surtout dans sa résurrection et les dons de l'Esprit qui a soutenu sa session actuelle à la droite de Dieu. Une fois cette autorité de Jésus établie, le croyant n'avait plus qu'à observer ses commandements transmis par les apôtres, les anciens et les témoins.

De tous côtés, il y avait une indifférence à l'égard d'une enquête historique que l'homme moderne considérerait naturelle et inévitable, une indifférence qui doit nous rester tout à fait inexplicable, à moins que nous ne réalisions que jusqu'au moins à l'époque du quatrième évangéliste, les principales preuves de la messianité n'étaient pas disponibles. recherché dans la carrière terrestre de Jésus. Son statut de Christ était considéré comme quelque chose de futur, pas encore réalisé. Même sa résurrection et sa manifestation dans la gloire « à la droite de Dieu », qui sont à la fois pour Paul (Rom. 1. 4) et pour ses prédécesseurs (Actes 2. 32-36), l'assurance que « Dieu l'a fait à la fois Seigneur et Seigneur ». Christ'', n'est pas encore le début de son programme messianique spécifique . Cela a potentiellement commencé, parce que Jésus était déjà assis sur le « trône de gloire », « attendant désormais que ses ennemis soient le marchepied de ses pieds ». En pratique, ce n'est pas encore le cas. Le Christ est toujours un Christ qui doit être. Son règne messianique est retardé jusqu'à la soumission des « ennemis » ; et cette soumission est à son tour retardée par « la longue souffrance de Dieu, qui veut non qu'aucun périsse, mais que tous les hommes parviennent à la repentance ». Entre-temps, une « effusion de l'Esprit » spéciale est donnée sous forme de « langues », de « prophéties », de « miracles accomplis », etc., en accomplissement d'une promesse scripturaire, comme une sorte de largesse de couronnement envers tous les sujets fidèles. Cette effusion de l'Esprit est donc la grande preuve et l'assurance que l'Héritier est réellement monté sur le « trône de gloire » malgré la continuation de « toutes choses telles qu'elles étaient depuis la fondation du monde ». Ces « dons » sont des « prémices de l'Esprit », des gages de l'héritage ultime, des preuves tant pour les croyants que pour les incroyants de l'héritage complet qui sera bientôt reçu. Mais les cadeaux ont aussi un aspect pratique. Ce sont toutes des dotations pour *le service* . La Grande Repentance en Israël et parmi les Gentils ne peut se réaliser sans la coopération des croyants. La question qui se pose aussitôt lorsque la manifestation du Christ ressuscité est accordée : « Seigneur, est-ce en ce moment que tu restaures le royaume d'Israël ? On répond donc par l'assurance que le temps est entre les mains de Dieu seul, mais que les « dons de l'Esprit », qui seront bientôt accordés, sont destinés à permettre aux croyants de faire leur part, chez eux et à l'étranger, pour réaliser la Grande Repentance. (Actes I. 6-8). [20]

Pour une Église qui se sentait dotée de preuves vivantes et actuelles de la puissance messianique de Jésus, ce n'était naturellement qu'une seconde réflexion (et pas très précoce d'ailleurs) de regarder en arrière pour trouver des preuves des événements de la vie de Jésus en Galilée. remarquable sa carrière de « prophète puissant en actes et en paroles devant Dieu et tout le peuple ». Les dons *actuels* de sa puissance seraient (au moins dans leur effet démonstratif) « des œuvres plus grandes que celles-ci ». Avec ceux qui ont eu le témoignage de résurrection de 1er Cor. XV. 3-11, et même l'expérience récurrente des « visions et révélations du Seigneur », des révélations anticipées de sa messianité, des déclarations, comme celle de Pierre à Césarée de Philippe , dans laquelle Jésus prédit seulement que la grande œuvre serait divinement accomplie à travers lui, que ce soit par la vie ou la mort, en montant à Jérusalem, les indications qui avaient été ignorées ou méconnues à l'époque, ne pouvaient pas être classées avec la connaissance, l'expérience et la perspicacité actuelles. Ils seraient rappelés simplement comme des avant-goûts confirmatifs de « la vraie lumière qui brille maintenant », comme s'écrient les deux qui avaient reçu la manifestation à Emmaüs : « Notre cœur n'a-t-il pas brûlé en nous pendant qu'il nous parlait en chemin ?

Nous ne pourrions en effet pas expliquer psychologiquement le développement de la foi de la résurrection après la crucifixion, si auparavant la vie et les paroles de Jésus n'avaient pas été de nature à faire apparaître aux disciples sa manifestation dans la gloire comme ils *auraient* dû s'y attendre. Mais, à l'inverse, rien n'est plus sûr que le fait qu'ils *ne* s'y attendaient pas ; et que lorsque la croyance fut établie par d'autres moyens, l'attitude envers les « paroles et les actes » maintenue par ceux qui les avaient à raconter – comme nous le savons, le missionnaire le plus réussi de tous ne sentit aucun handicap de s'en passer complètement – Il s'agissait de regarder en arrière dans un passé obscur des choses dont la signification prégnante ne devenait appréciable qu'à la lumière des connaissances actuelles. "Ses disciples ne comprirent pas ces choses au début, mais lorsque Jésus fut glorifié, ils se souvinrent alors que ces choses avaient été écrites de lui, et qu'ils lui avaient fait ces choses."

Nous avons la chance d'avoir ne serait-ce qu'un seul exemple des « récits consécutifs » (*diegeses*) mentionnés dans Luc I . 1. Notre Marc est un évangile écrit purement et simplement de ce point de vue, visant uniquement à montrer comment la carrière terrestre de Jésus a démontré, sans trop de tentatives, qu'il était le Fils de Dieu, prédestiné à l'exaltation à la droite du pouvoir. , le cas échéant, d'introduire les préceptes de la Loi Nouvelle. Nous devons cependant comprendre que c'est déjà le début d'un processus qui deviendra bientôt contrôlant, un processus consistant à ramener dans la vie terrestre de Jésus en Galilée d'abord tel trait, puis celui-là, puis tous les attributs du Seigneur glorifié.

Une tradition ancienne et fiable nous apprend que cette première tentative pour raconter l'histoire de « Jésus-Christ, le Fils de Dieu », a été composée à Rome par Jean-Marc, ancien compagnon de Pierre et de Paul, à partir de données tirées des anecdotes employées avec désinvolture par Pierre. dans sa prédication. Il y a beaucoup de choses à confirmer dans la structure, le style, l'objet doctrinal et le point de vue de l'Évangile.

Pour commencer, la date de composition ne peut être loin de 75. Marc est non seulement présupposé à la fois par Matthieu et par Luc, mais il avait déjà acquis à leur époque une prédominance extraordinaire. A en juger par ce qui nous reste de produits semblables, on pourrait presque dire que Mark, dans son domaine, règne en maître et règne seul. Une telle suprématie presque exclusive n'aurait pas pu être atteinte, même par un écrit communément compris comme représentant la prédication de Pierre, en moins d'une décennie ou plus. D'un autre côté, nous avons le témoignage réticent de l'Antiquité, désireux de revendiquer autant que possible une autorité apostolique pour les archives, mais peu disposé à engager Pierre dans les contradictions apparentes de Matthieu, selon lesquelles il a été écrit après la mort de Pierre (64-5). [21] Des preuves internes ramèneraient en fait la date des travaux sous leur forme actuelle à une décennie entière plus tard. Il est vrai qu'il existe de nombreuses preuves structurelles de plus d'une forme de récit, et que le chapitre apocalyptique (ch. XIII), qui fournit la plupart des preuves actuelles, pourrait bien appartenir aux suppléments ultérieurs. Mais de l'avis de la plupart des critiques, ce « discours eschatologique » (presque le seul discours connexe de l'Évangile) est clairement formulé dans une véritable rétrospection sur le renversement de Jérusalem et du temple, et la tribulation qui en découle pour « ceux qui sont en Judée » . L'auteur applique une parole générale de Jésus connue d'autres sources concernant la destruction et la reconstruction du temple spécifiquement à la démolition effectuée par Titus (70). Il avertit ses lecteurs dans le même contexte que « la fin » ne suivra pas immédiatement la grande guerre de Judée , mais seulement lorsque les puissances du mal dans les lieux célestes, les puissances habitant le soleil, la lune et les étoiles, seront ébranlées (XIII, 21). -27). La doctrine paulinienne de 2e Thess. ii. 1-12 est adopté, mais en évitant soigneusement la prédiction selon laquelle « l'homme du péché » doit apparaître « dans le temple de Dieu ». L'« homme de péché » de Paul est maintenant identifié avec « l'abomination qui dévaste » de Daniel (Dan. XII, 11), qui est donc appelé « il » (masculin). « Son » apparition préludera à la grande tribulation de Judée ; mais sa place est mal définie. C'est seulement « là où il ne devrait pas ». Matthieu (suivant sa pratique habituelle) revient plus près du langage de Daniel. Chez lui, « l'Abomination » est à nouveau un objet placé « dans *un* lieu saint ». Mais Matthieu applique déjà la prophétie à une autre tribulation encore à venir. Il ne voit pas que Marc se réfère au sac de Jérusalem sur lequel il revient lui-même dans son ajout à la parabole de la Cène (Matt. xxii. 6 *s.* ; *cf.* Luc xiv. 15-24), mais prend Marc xiii. . 14-23 comme prédiction de Jésus d'une grande tribulation finale *encore à venir* .

Les grossièretés de langage et de style de Marc, ses fréquents latinismes , son explication à ses lecteurs (presque exagérée avec mépris) des purifications juives et des distinctions de viandes (vii. 3 *s.*), présupposé de la forme romaine du divorce (x. 12), explication dans la monnaie romaine, la valeur de l'"'acarien" (grec et oriental) (*lepton*), sont des confirmations bien connues de la tradition du lieu d'origine de l'écriture. Mais ce sont là des caractéristiques superficielles. Il est plus important pour nous de noter la conception fondamentale de ce qui constitue « l'Évangile » et l'attitude de l'auteur sur les questions de la relation entre Juifs et Gentils et de l'autorité des apôtres et des parents du Seigneur.

La caractéristique la plus frappante de Marc est qu'il vise à présenter l'évangile *de* Jésus et qu'il est relativement indifférent à l'évangile *de* Jésus. Si l'écrivain avait conçu sa tâche à la manière de Matthieu, il ne fait aucun doute qu'il aurait pu compiler des discours catéchétiques sur Jésus comme le Sermon sur la montagne ou le discours sur la prière de Luc xi. 1-13. Le fait qu'il ne tienne pas compte de ces récits de l'instruction éthique et religieuse de Jésus ne signifie pas qu'il renvoie (tacitement) ses lecteurs aux préceptes de Matthæan , ou à des compilations similaires, pour compléter ses propres lacunes. Cela signifie une conception différente, plus paulinienne, de ce qu'est « l'Évangile ». Marc conçoit que son élément principal est l'attachement à la *personne* de Jésus, et a déjà largement effacé la distinction primitive entre un Jésus dont la carrière terrestre avait été « dans une grande humilité » et le Fils de Dieu glorifié. Le Jésus terrestre n'est encore, il est vrai, qu'un homme doté de l'Esprit d'adoption. Mais il est si complètement « dans » l'Esprit, et si pleinement doté de celui-ci, qu'il assume presque la figure grecque d'un demi-dieu foulant la terre incognito. Il n'est pas étonnant que cet Évangile soit devenu le favori des Adoptionnistes et des Doketistes .

Marc ne laisse pas son lecteur dans l'ignorance quant à ce qu'un homme doit faire pour hériter de la vie éternelle. L'exigence n'apparaît qu'après que Jésus ait repris avec les douze le chemin du Calvaire, car il ne s'agit clairement *pas* d'une observation de commandements, nouveaux ou anciens. C'est une adoption de « la pensée qui était en Christ, qui s'est humilié et est devenu obéissant jusqu'à la mort ». Dans la version « améliorée » de Matthieu de la réponse de Jésus au riche candidat à la vie éternelle, il est dit au suppliant qu'il peut l'obtenir en obéissant aux commandements, avec un mérite surérogatoire (« si tu veux être parfait »), s'il suit l'exemple de Jésus . de service abnégationnel. Dans la forme et le contexte auxquels Matthieu emprunte (Marc X. 13-45), il n'y a aucune trace de ce légalisme, et toute l'idée de mérite surérogatoire, ou de récompense plus élevée, est vigoureusement, presque avec indignation, répudiée. Aucun homme ne peut recevoir le royaume s'il ne le reçoit pas « comme un petit enfant ». Tout homme doit être prêt à faire tous les sacrifices, même s'il a observé tous les commandements depuis sa jeunesse. Pierre et les disciples qui ont « tout quitté et suivi » reçoivent une récompense au même niveau que les autres. L'appel de Pierre en faveur des Douze trouve une réponse : « Personne n'a quitté » ses possessions terrestres pour l'amour de Christ, ce qui n'est pas amplement compensé même ici. Il doit s'attendre à la persécution maintenant, mais il recevra ensuite la vie éternelle. Seulement « beaucoup de ceux qui sont les premiers seront les derniers, et les derniers premiers ». Même les apôtres martyrs Jacques et Jean n'auront aucun droit supérieur dans le Royaume.

Des passages comme ceux ci-dessus révèlent non seulement pourquoi l'Évangile de Marc montre un mépris relatif des préceptes, mais révèlent également une attitude envers les revendications croissantes de l'autorité apostolique et du néo-légalisme qui, contrairement à Matthieu et Luc, est tout à fait rafraîchissante. Les parents du Seigneur n'apparaissent que deux fois (iii. 20 *s.* , 31-35 et vi. 1-6), les deux fois sous un jour totalement défavorable . Jean n'apparaît qu'une seule fois, et cela pour recevoir une réprimande pour intolérance. Jacques et Jean semblent seulement réprimandés pour leur ambition égoïste. Peter rarement autrement que pour la réprimande. Tous les disciples montrent constamment l'aveuglement et la « dureté de cœur » qui caractérisent explicitement leur nation (vi. 52 ; vii. 18 ; viii. 12, 14-21). Leur recherche de soi et leur infidélité sont le repoussoir du renoncement et de la fidélité de Jésus (viii. 33; ix. 6, 18 *s.*, 29; x. 24, 28, 32, 37, 41; xiv. 27-31, 37-41, 50, 66-72). Ce qui dans Matthieu (XVI. 16-19) est devenu une révélation divine spéciale à Pierre de la messianité, marquant le fondement de l'Église, n'est pas, dans la forme Markanienne antérieure (Marc VIII. 27-33), une révélation de la messianité. du tout. La réponse de Pierre : « Tu es le Christ » est de notoriété publique. Les douze ne sont pas censés être plus ignorants que les démons ! Il y a cependant un reproche caustique à l'adresse de Pierre pour son idée charnelle et juive des implications de la vie chrétienne. Une révélation de sa signification, de caractère presque dokétique , est en effet accordée juste après à « Pierre, Jacques et Jean » ; mais ils restent sans appréciation ni compréhension de la « vision », bien qu'elle montre Jésus dans sa gloire céleste en compagnie des héros traduits de l'Ancien Testament. La révélation reste donc un livre scellé jusqu'à « après la résurrection ».

Cette exagération de la stupidité des disciples est en partie due, sans doute, à des motifs apologétiques. L'évangéliste doit répondre à l'objection : si Jésus était réellement l'être extraordinaire et surhumain représenté et qu'il a été ouvertement proclamé tel par les mauvais esprits, pourquoi n'a-t-on entendu parler de ses affirmations qu'après la crucifixion et la prétendue résurrection ? Son retour dans le ministère galiléen de la doctrine de la rédemption de l'Être glorifié de Paul l'oblige à représenter les douze comme partageant l'ennui du peuple qui « n'a pas d'yeux et n'entend pas ». Mais malgré tout cela, l'Évangile romain montre peu de considération pour les apôtres et les parents du Seigneur.

Cela montre tout aussi peu de chose en ce qui concerne la prérogative juive et la loi juive. Jésus parle en paraboles parce que pour ceux « du dehors », sa prédication doit être intentionnellement un évangile « voilé » (iv. 1-34). L'héritage leur sera retiré et donné à d'autres (xii. 1-12). Les prêtres et le peuple ensemble étaient coupables du rejet et du meurtre de Jésus (Xv. 11-15, 29-32). Le pardon des péchés est offert par Jésus de sa propre autorité, au mépris des scribes. Il ignore leur exclusion des publicains et des pécheurs, proclame l'abolition de leurs jeûnes et méprise leur observation du sabbat (ii. 1-iii. 6). Sur la question des distinctions entre les viandes, sa position est la plus radicale possible. Le cérémonial juif est un « culte vain », de simples « commandements des hommes ». La souillure ne peut pas être contractée par ce qui « entre dans l'homme ». Les paroles de Jésus sur la pureté intérieure ne visaient pas la simple « haie de la Loi » (Mt. XV. 13), ni la simple question des ablutions (Mt. XV. 20), mais avaient pour but de « rendre toutes les viandes pures ». (VII. 1-23). La loi de Moïse, dans certains de ses textes, ne représente pas la véritable volonté divine, mais une adaptation humaine à la faiblesse humaine (x. 2-9). L'obéissance à son code le plus élevé ne garantit pas la vie éternelle (x. 19-21). La loi unique de l'amour est « bien plus que tous les holocaustes et tous les sacrifices » (XII, 28-34). Lorsque *toutes* les références au judaïsme, à sa Loi, à ses institutions et à ses prérogatives, sont de ce caractère, lorsque Jésus apparaît *toujours* en opposition radicale à la Loi et à ses représentants (xii. 38-40 ; xiii. 1 *s.*), *jamais* en tant que partisan à quelque degré que ce soit, l'évangéliste est sur le point de nous rendre trop difficile de croire qu'il était réellement d'origine juive.

D'un autre côté , nous ne pouvons douter de l'affirmation selon laquelle il tire ses anecdotes, même indirectement, de la prédication de Pierre. Le prologue (i . 1-13), en effet, ne prétend pas rapporter le témoignage d'un quelconque témoin, mais familiarise le lecteur avec la vraie nature de Jésus en tant que « Christ, Fils de Dieu » au moyen d'un récit mystique de son baptême et sa dotation de l'Esprit d'adoption, reposant probablement sur ce document de Q, que nous avons distingué des Préceptes. Mais l'histoire du ministère qui s'ensuit s'ouvre dans la maison de Pierre à Capharnaüm, et continue plus ou moins en relation avec celle-ci malgré des groupes d'anecdotes dont le lien n'est pas chronologique mais d'actualité, comme ii. 1-iii. 6 ; iii. 22-30 ; iv. 1-34. Cela atteint son apogée lorsque Jésus, à Césarée de Philippe, prend Pierre dans sa confiance. Ici encore, la vision mystique de la Révélation ou Transfiguration (ix. 2-10) interrompt la connexion et montre sa dérivation étrangère par le sens transcendantal dans lequel elle interprète la personne de Jésus. Certaines caractéristiques suggèrent qu'il provient de la même source que le prologue (i . 1-13).

L'histoire aboutit à la tragédie de Jérusalem, où, comme auparavant, la figure de Pierre, aussi défavorable que soit le contraste dans lequel elle se présente avec celle de Jésus, est toujours la figure saillante. Le plan en général est identique à celui si brièvement esquissé dans Actes X. 38-42 — *sauf* que le point absolument essentiel, la seule chose dont aucun récit évangélique ne peut manquer, la manifestation de la résurrection aux disciples et la mission de prêcher l'Évangile, fait absolument défaut !

Que l'Évangile de Marc contienne autrefois une telle conclusion est presque une certitude. Imaginez un récit évangélique sans rapport sur la manifestation du Seigneur ressuscité à ses disciples ! Imaginez une église - et cette église de *Rome* - donnant comme le premier, l'authentique, l'original et (en intention) le seul récit de l'origine de la foi chrétienne (Marc I . 1), un récit qui *se termine* par le les apôtres dispersés dans une lâche désertion, et Pierre le renégat le plus visible et le plus plein de remords de tous ! Celui qui écrit au nom de Pierre depuis Rome mais peu de temps après, en nommant affectueusement Marc « mon fils », devait en effet avoir un esprit indulgent. Mais les traces de la véritable suite n'ont pas toutes disparu. De nombreuses allusions extérieures subsistent encore au retour de Pierre et à l'établissement de ses frères dans la foi de la résurrection. Le plus ancien est celui de Paul (1 Cor. XV. 5). La marque actuelle elle-même implique qu'elle a eu autrefois une telle fin ; car Jésus promet de rallier son troupeau en Galilée après sa résurrection (XIV. 28), et les femmes du sépulcre sont invitées à rappeler la promesse aux disciples, bien qu'elles ne parviennent pas à transmettre leur message. En fait, tout l'Évangile l'attend avec impatience. A cette fin, « le mystère du royaume » est confié aux douze élus (iii. 13 *s.* , 31-35 ; iv. 10-12) ; pour cela, ils sont prévenus (quoique en vain) de la catastrophe (viii. 34-ix. 1, 30-32 ; x. 32-34 ; xiv. 27-31). En fait, la promesse d'un baptême de l'Esprit (i . 8) implique probablement que la suite originale concernait non seulement l'apparition à Pierre et (plus tard) aux autres avec la charge de prêcher, mais aussi leur dotation en dons, peut-être comme dans Jean XX. 19-23. Ce que nous avons maintenant n'est qu'un substitut à cette suite originale, un substitut si mal adapté qu'il a provoqué des tentatives répétées d'amélioration.

Du XVIe. À partir de la version 8, comme on le sait, les autorités textuelles les plus anciennes ont simplement un blanc. Les autorités ultérieures donnent aux douze un substitut plus ou moins long à la Manifestation et à la Charge manquantes. Plus Matthieu est court, plus Luc suit longtemps, avec des traces de connaissance avec Jean. Les théories fantaisistes pour expliquer ces phénomènes textuels, comme la mutilation accidentelle de l'unique exemplaire, sont improbables et n'expliquent pas. Si la conjecture est permise , il est plus probable que l'ouvrage original était en deux parties, à la manière des Actes de Luc, le « traité ancien » se terminant par le témoignage du centurion : « En vérité, cet homme était fils de Dieu » (XV. 39).). La deuxième partie poursuit le récit sous la forme d'une prédication de Pierre, se terminant peut-être par sa venue à Rome ; car la littérature ancienne de l'Église contenait plusieurs récits de ce type. Sa disparition aurait été due à son remplacement (peut-être son incarnation) par l'œuvre de Luc. Lorsque « l'ancien traité » primitif de Markan fut adapté pour être utilisé séparément comme évangile, il était tout naturel qu'il soit complété (on peut difficilement dire « complété ») par l'ajout de l'histoire du Sépulcre vide (xv. 40-xvi) . . 8), bien que ce récit soit tout à fait inconnu de la prédication primitive de la résurrection (*cf.* 1er Cor. XV. 3-11), et dans lequel chaque personnage, à l'exception de Pilate, est complètement étranger au corps de l'œuvre. Les ajouts ultérieurs des terminaisons dites "plus longues" et "plus courtes" appartiennent à l'histoire de la transcription après 140 après JC .

Il ressort clairement de ce qui précède que l'Évangile de Marc ne fait pas exception à la règle selon laquelle les écrits ecclésiastiques de ce type subissent inévitablement des refontes et des suppléments jusqu'à ce que le processus avancé de canonisation fixe enfin leur texte avec une rigidité inaltérable. Que nous reconnaissions des « sources », ou des « formes » antérieures, ou seulement des « éditions » antérieures de Marc, il est certain que des annexes pouvaient encore être jointes longtemps après l'apparition de Luc, et il est probable qu'au début de sa monnaie purement locale à Rome, le fonds de l'anecdote pétrinienne avait reçu plus d'une adaptation de forme avant d'être transporté en Syrie et incarné de manière substantielle comme nous l'avons maintenant dans les évangiles composites de Matthieu et de Luc. L'omission par Luc de Marc vi. 45—viii. 26 est intentionnel [22] et ne peut pas être utilisé pour prouver l'existence d'une forme plus courte ; et il en va probablement de même pour l'omission de Marc ix. 38-40 par Matthieu. Marc XII. 41-44, cependant, est probablement un ajout postérieur à l'époque de Matthieu. Ni Matthieu ni Luc n'avaient de texte allant au-delà du xvi. 8. Mais des signes de connaissance de la suite originale apparaissent dans l'appendice à Jean (Jean XXI.) et dans l' *Évangile tardif et composite de Pierre* (*c.* 140). Selon ce dernier, les douze restèrent dispersés et cachés à Jérusalem pendant les six jours restants de la fête. À la fin, ils partirent, pleurés et affligés, chacun vers sa propre maison. Pierre et quelques autres, dont « Lévi, fils d'Alphée », reprirent leur pêche « sur la mer ». ... Le fragment se brise à ce stade. L'histoire peut être complétée de manière conjecturale à partir de 1 Cor. XV. 5-8, avec comparaison de Jean XXI. 1-13 ; Luc v. 4-8 ; XXII. 31 *s.* ; XXIV. 34, 36-43.

En repensant à l'entreprise de cet humble auteur, nommé uniquement par tradition, l'un des catéchistes de la grande église de Paul et Pierre, écrivant quelques années seulement après leur mort, mais quelques années avant 1er Pierre et Hébreux, un est frappé par la grandeur de son objectif. Il est vrai qu'il n'était pas totalement sans prédécesseurs dans le domaine. L'ouvrage qui lui a fourni au moins la substance de son prologue, et probablement d'autres sections considérables de son livre, avait déjà eu pour objectif, de manière plus mystique, de relier la doctrine paulinienne du Christ comme Sagesse de Dieu aux œuvres et enseignements puissants de Jésus. La duplication d'une partie considérable de l'histoire de Marc (vii. 31—viii. 26 se répète avec quelques variations vi. 30—vii. 30) montre que son travail était à la fois une combinaison et une création. Mais les grandes lignes, les proportions et la progression de l'histoire témoignent non seulement de l'habileté et du soin, mais aussi d'une adhésion large et cohérente au plan fondamental visant à raconter l'origine de la foi chrétienne (Marc I . 1) .

Confirmation de la croyance et de la pratique de l'Église : c'est pour cela que Marc rapporte tout ce qu'il peut apprendre des années d'obscurité en Galilée suivies de la tragédie de Jérusalem. Non seulement la croyance en Jésus en tant que Fils de Dieu sera justifiée par l'histoire, mais aussi par la fondation, les institutions et le rituel de l'Église existante. Il l'adapte manifestement pour montrer non seulement les pouvoirs et les attributs surhumains du Fils élu de Dieu, mais aussi le germe et le type de toutes les institutions de l'Église.

Son baptême de repentance et le don qui l'accompagne de l'Esprit d'adoption ne font que répéter l'expérience de Jésus lors du baptême de Jean. La possession de la parole de sagesse et de la parole de puissance n'est que la contrepartie de l'équipement divin de Jésus avec « la puissance de l'Esprit » lorsqu'il enseigna et guérit en Galilée. L'Envoi des Douze constitue le modèle pour les évangélistes et les missionnaires de l'Église, tout comme la fraction du pain en Galilée donne le modèle de son banquet fraternel. Il en va de même pour le ministère judéen . Le chemin du martyre est celui que tous doivent suivre, sa Cène de Pâque du Seigneur et sa Veillée à Gethsémani sont des modèles pour l'observance annuelle de l'Église, sa Pâque du Seigneur, sa Veillée, sa fête de la Résurrection. Le regroupement des anecdotes n'est pas entièrement l'œuvre de Marc, car nous pouvons encore voir dans de nombreux cas comment elles se sont développées autour des observances de l'église, pour expliquer et justifier les rites, plutôt que pour faire partie d'une carrière esquissée. Mais en prenant l'œuvre dans son ensemble et en considérant à quel point l'occasion à Rome, où Paul avait transmis la haute conception du Fils de Dieu et Pierre la tradition concrète de sa vie terrestre, était bien au-delà de celle de toute autre Église, nous ne pouvons pas nous étonner. que les grandes lignes de Marc sont rapidement devenues le récit standard du ministère terrestre de Jésus, et finalement le seul.

Mais il reste peu de place pour retracer les développements du récit évangélique dans d'autres domaines. Le sud de la Syrie et de l'Égypte trouvèrent bientôt nécessaire, comme nous l'avons vu, d'adopter l'œuvre de Marc, mais de manière indépendante et comme cadre pour les préceptes matthæens . Il n'a pas fallu longtemps pour qu'Antioche et le nord de la Syrie leur emboîtent le pas. Car Luc, bien que connaissant le travail de « nombreux » prédécesseurs, ne donne aucune preuve certaine de sa connaissance de Matthieu. Lorsque nous trouvons des contradictions aussi flagrantes que celles affichées entre ces deux évangiles grecs dans leurs chapitres d'ouverture et de clôture, et que nous observons en outre que, même si tous deux se livrent à des centaines de corrections et d'améliorations sur Marc, celles-ci coïncident rarement et ne font jamais l'hypothèse d'une interdépendance. nécessaire, il est difficile de résister à la conclusion selon laquelle aucun des deux évangélistes ne connaissait directement le travail de l'autre. Or, aucun autre évangile ne se compare à Matthieu quant à la rapidité et à l'étendue de sa circulation, tandis que Luc se déclare un chercheur assidu. Il ne pouvait ignorer les prétentions de l'autorité apostolique auxquelles était principalement due cette acceptation précoce et large de Matthieu. Il est raisonnable de déduire que la date de Luc était un peu plus tardive que celle de Matthieu. Si la probabilité de son utilisation des *Antiquités* de Josèphe pouvait être élevée à une certaine certitude, cela suffirait pour dater l'Évangile et le Livre des Actes au plus tôt à 96. Les preuves internes et externes, selon la plupart des érudits, convergent vers une date approximativement 100. .

L'origine nord-syrienne des Actes de Luc est moins fermement établie dans la tradition que l'origine romaine de Marc et l'origine sud-syrienne de Matthieu. La tradition ancienne ne peut rien citer de plus important que la déclaration d'Eusèbe, tirée on ne sait d'où, mais faite indépendamment dans les argumenta (descriptions préfixées) de plusieurs manuscrits de la Vulgate, selon laquelle Luc était d'origine antiochienne. Cependant, les preuves internes fournissent une corroboration à un degré plutôt inhabituel. Si la lecture de certains textes des Actes xi. 28, « Et comme nous étions assemblés », pourrait être accepté, cela seul serait une corroboration presque concluante. Mais aussi douteux soit-il, il fournit un soutien. Car s'il s'agit d'une altération de l'original, elle est en tout cas extrêmement précoce (*vers* 150 ?) et visait à étayer la croyance en question. [23] De plus, toute l'attitude des Actes de Luc à l'égard de l'autorité apostolique, le règlement de la grande question des termes de la communion entre Juifs et Gentils et la description de la fondation des églises pauliniennes, est telle qu'elle trouve son origine n'importe où. entre la chaîne du Taurus et l'Adriatique le plus improbable ; tandis que si nous le plaçons à Rome, nous aurons un problème insoluble dans la relation entre son accent extrême sur l'autorité apostolique et la quasi-déification de Pierre, et la solide indépendance de Marc. À l'inverse, de nombreux traits individuels suggèrent Antioche comme lieu d'origine. À côté de Jérusalem, l'Église inoubliable des « apôtres et des anciens », Antioche est l'Église mère de la chrétienté. C'est là que le nom « Chrétien » trouve son origine. C'est là que commença l'œuvre de conversion des Gentils. Les églises grecques de Chypre et d'Asie Mineure sont considérées comme des dépendances d'Antioche. Même ceux de la péninsule grecque sont liés tant bien que mal à Antioche et à Jérusalem, avec suppression de l'histoire du schisme. Antioche, et non les églises pauliniennes grecques, est la bienfaitrice des « saints pauvres de Jérusalem », et à la demande d'Antioche, en faisant appel aux « apôtres et aux anciens », on obtient les « décrets » qui règlent définitivement la question difficile de l'obligation de maintenir la pureté cérémonielle qui repose toujours sur « les Juifs qui sont parmi les Gentils ». Comme nous l'avons vu, le règlement est aussi éloigné de celui de Marc et des églises pauliniennes d'un côté, que du légalisme approfondi de Jérusalem de l'autre. Jusqu'aux épîtres pastorales, l'abstinence des « viandes que Dieu a créées pour être reçues avec actions de grâces par ceux qui croient et connaissent la vérité » est pour les églises pauliniennes une « doctrine des démons et des esprits séducteurs » enseignée « à travers l'hypocrisie des hommes qui parlent ». mensonges." Les distinctions entre les viandes appartiennent à la superstition juive, car « toute créature de Dieu est bonne et rien ne doit être rejeté s'il est reçu avec actions de grâces » (1er Tim. iv. 1-5). Mark, comme nous l'avons vu, adopte précisément ce point de vue. Il est tout aussi radical en condamnant les distinctions de viandes comme étant essentiellement un « culte vain » et un « commandement des hommes » (Marc

VII, 1-23). En vérité, si nous distinguons l'une des *sources de Luc* de Luc lui-même , nous trouverons exactement cette doctrine enseignée à Pierre lui-même par révélation divine spéciale dans les Actes X. 10-16 ; XI. 3-10. Seulement, comme nous l'avons déjà vu (p. 59, ndlr), ce n'est pas là l'application que fait le Livre des Actes, tel qu'il se présente actuellement, de la matière. Pour « Luc », rien de plus répugnant que l'idée d'un apôtre abandonnant la religion de ses pères, dont la circoncision et « les coutumes » sont une partie essentielle. Son annulation, dans l'histoire de la révélation de Pierre et de la défense ultérieure de l'Apôtre devant l'Église de Jérusalem, de l'un de ses facteurs essentiels, à savoir. le droit de *manger* avec les Gentils, indépendamment des distinctions de viandes faites par l'homme (« ce que *Dieu* a purifié, ne *le rends pas commun* ») *est tout aussi significatif que sa restriction de l'activité même de Paul aux Juifs* de langue grecque , jusqu'à ce que « l'Esprit » ait a expressément ordonné à l'Église d'Antioche, immédiatement après la persécution d'Agrippa Ier, de poursuivre la propagande. Les deux modifications de la forme antérieure de l'histoire sont en accord avec une multitude d'indications mineures et nous fournissent, en combinaison avec elles, la véritable note dominante du récit. Dans Luc-Actes, plus clairement que dans aucun des évangiles, l'écrivain assume la fonction distinctive de l'*historien* . Lui aussi raconterait, comme Marc, l'origine de la foi chrétienne, et cela « dès le début ». Il déduit même le pedigree de Jésus de « Adam, qui était le fils de Dieu ». Mais le but est bien plus de prouver la généalogie de la foi que la généalogie de Jésus. Le christianisme doit être défendu contre l'accusation d'être une *nova superstitio* , une *religion. illicite* . Au contraire, c'est la seule religion vraie et révélée, la fleur parfaite et la consommation du judaïsme. Pourtant, comme le judaïsme, il n'est pas particulariste et national, mais universel ; car alors que Dieu a d'abord fait de cette nation le dépositaire spécial de sa vérité, c'était sa « prescience et son conseil déterminés » de rejeter et de crucifier leur Messie, permettant ainsi de « proclamer ce salut aux Gentils ». La seule chose que Luc tient si anxieusement à prouver qu'il fatigue le lecteur à la répéter constamment, la proclame, l'argumente, à temps et à contretemps, avec ses sources, contre ses sources, avec les faits, contre les faits, est que cette foi n'a jamais été offerte aux Gentils, sauf sur instruction expresse de Dieu et après que les Juifs eurent démontré jusqu'à la dernière extrémité d'une opposition acharnée qu'ils n'en voulaient pas. Le christianisme, et non le judaïsme, est donc la véritable religion primitive et révélée, héritière de toutes les promesses divines.

Nous pouvons voir maintenant pourquoi Luc trouve impossible d'adopter le récit de Marc sur un voyage missionnaire de Jésus dans « les côtes de Tyr et de Sidon » et ne mentionnera même pas le nom de Césarée de Philippe. Sa méthode en omettant Mark vi. 45—viii. 26 est plus radical que celui de Matthieu, mais son motif est similaire. Le thème central de cette partie de Marc apparaît dans le chapitre (ch. vii.) Enregistrant le rejet par Jésus des distinctions juives entre pur et impur comme « préceptes des hommes », et son départ pour guérir et prêcher en Phœenicie et en Décapole. C'est le thème du deuxième traité de Luc ; et, comme nous l'avons vu, sa solution au problème est radicalement différente. S'il ne peut pas admettre que même Paul a ignoré "les coutumes" ou que Pierre a prêché aux Gentils avant d'avoir reçu la direction expresse et réitérée de "l'Esprit", nous ne devrions certainement pas nous attendre à ce qu'il admette la déclaration selon laquelle Jésus a répudié les distinctions du mosaïsme, a déclaré " toutes les viandes étaient pures », et partant vers les côtes de Tyr et de Sidon, il guérit d'abord la fille d'« un Gentil » et poursuivit ensuite son voyage « à travers Sidon » et « les régions de la Décapole », répétant les miracles symboliques de l'ouverture des oreilles des sourds et des aveugles. yeux, et se nourrissant de pains et de poissons. Même si ce prétendu ministère de Jésus parmi les Gentils reposait sur une base de probabilité historique beaucoup plus solide que ce n'est malheureusement le cas (*cf.* Rom. XV. 8), il ne pourrait logiquement pas être admis dans l'œuvre de Luc sans abandonner un de ses convictions les plus fermes et une réécriture de ses deux traités.

Luc n'était probablement pas le premier à diviser son ouvrage en un « ancien traité » couvrant « à la fois » les paroles et les actions de Jésus « jusqu'au temps où il fut élevé », et un second consacré au travail des apôtres après qu'ils eurent reçut la charge de proclamer l'Évangile « jusqu'aux extrémités de la terre ». "Beaucoup", nous dit-il, avaient déjà entrepris de "rédiger des récits" (*diegeses*) de ce genre, dont celui que Luc lui-même a principalement employé, avait à l'origine, comme nous l'avons conclu, une suite semblable à son propre livre des Actes. . Il y a même des caractéristiques de la source pétrine des Actes qui la relient particulièrement à la doctrine romaine (*par exemple* Actes X. 10-15 ; *cf.* Rom. XIV. 14 et Marc VII. 18 *s.*) et même à la personne de Marc (Actes XII.12). Son équilibre entre Pierre et Paul et sa conclusion avec l'établissement du christianisme à Rome suggèrent également que la plus grande partie du deuxième traité de Luc provenait en fin de compte *de* la même source que le premier. Mais la division de l'œuvre en deux parties : (1) l'évangile parmi les Juifs ; (2) l'Évangile parmi les Gentils aurait suivi, indépendamment de tout précédent de ce type, de l'ensemble du but et de la structure de l'œuvre. Le christianisme doit être prouvé à la lumière de son origine et malgré l'hostilité des Juifs parmi lesquels il est né et dont il adopte les écrits sacrés, comme étant la religion originelle, vraie et révélée. Pour le prouver, il faut montrer que le rejet et la crucifixion de Jésus par son propre peuple à la suite de son ministère terrestre n'étaient pas dus à son propre échec à répondre à l'idéal des Écritures en question, mais à leur perversité et à *leur* aveuglement volontaire . S'il est important de prouver dans le traité précédent que l'opposition des autorités dirigeantes parmi les Juifs était due à cette perversité et à cette jalousie, il l'est au moins tout autant de montrer que les humbles et les dévots l'ont accueilli avec plaisir. D'où l'hospitalité particulière de Luc envers les documents montrant l'acceptation de Jésus envers et par les classes les plus humbles et les exclus, les pauvres et les humbles, les femmes, les Samaritains, les publicains et les pécheurs. Les scènes idylliques de sa naissance et de son enfance se déroulent parmi des hommes et des femmes de ce type de piété de l'Ancien Testament, « attendant tranquillement le royaume de Dieu ». Au cours de sa carrière, ce sont eux qui le reçoivent et s'accrochent à lui. Même au Calvaire, *l'un* des voleurs doit se joindre à cette foule de croyants pieux et pénitents. La prédication de Jésus commence par son rejet par ses propres concitoyens uniquement parce que « aucun prophète n'est accepté dans son propre pays » ; bien qu'avant leur tentative de le tuer, il prouve à partir des Écritures comment Élie et Élisée avaient été envoyés vers les Gentils. Son ministère se termine par sa démonstration aux disciples après sa résurrection d'après "Moïse et tous les prophètes" comment "il fallait que le Christ souffre avant d'entrer dans sa gloire", et qu'après son rejet par Israël "la repentance et la rémission des péchés". devrait être prêché en son nom parmi toutes les nations, à commencer par Jérusalem. »

Le deuxième traité montre comment ce dessein de Dieu d'assurer la diffusion de la vraie foi par la désobéissance et le durcissement de ses premiers gardiens a été accompli, l'accent étant toujours mis sur le fait que ce n'est que lorsque les Juifs « ont contredit et blasphémé » que les apôtres ont dit : « Il fallait que la parole de Dieu vous soit d'abord annoncée, mais puisque vous l'éloignez de vous et que vous vous jugez indignes de la vie éternelle, voici, nous nous tournons vers les païens. » On ne s'intéresse pas aux fortunes ultérieures de Jérusalem et du christianisme juif, ni même au sort de Pierre et de Jacques, après que cette transition ait été effectuée sur le sol des Gentils. On ne s'intéresse pas à la propagation du christianisme en tant que tel, en Égypte, en Éthiopie, en Cyrénaïque, à Chypre, en Mésopotamie ; mais seulement là où le conflit fait rage sur la prétention respective des Juifs et des Gentils d'être le véritable héritier des promesses, *c'est-à-dire . e.* le champ de mission de Paul. Dans les centres individuels, l'histoire va juste assez loin pour raconter comment l'Évangile a été offert aux Juifs et rejeté, les obligeant à se retirer de la synagogue, puis elle est racontée à nouveau avec de légères variations dans le centre suivant . Le livre se termine par une répétition de la scène stéréotypée à Rome elle-même, malgré la représentation de la source même employée, selon laquelle une église importante y existait depuis longtemps avant l'arrivée de Paul, se terminant par une citation du passage classique d'Ésaïe. vi. 9 *f.* pour prouver le dessein originel de Dieu d'endurcir le cœur d'Israël, afin que son « salut puisse être envoyé aux Gentils ». Le sort même de Paul lui-même a si peu d'intérêt pour Luc en comparaison avec cette démonstration du christianisme comme religion unique originelle révélée, enfermée dans le judaïsme comme les graines sont confinées dans la gousse durcissante jusqu'à ce qu'elles soient disséminées par son éclatement, qu'il le quitte. non mentionné, comme celui de tous les autres dirigeants de l'Église dont la mort n'a pas directement contribué au processus.

Nombreuses et d'une importance vitale pour le développement de l'histoire évangélique telle que nous la connaissons, comme l'étaient les sources de Luc, à la fois par sa propre déclaration (Luc 1. 1) et les preuves internes de son travail, il a rendu l'analyse extrêmement difficile par le broderie stylistique habile et élaborée avec laquelle il a superposé les interstices et les coutures. Ce n'est pas non plus une bonne occasion pour entrer dans le domaine de la critique supérieure. Luc-Actes représente le développement achevé, et non les débuts naïfs, de ce type de littérature du Maître de l'Église. Nous avons eu des raisons de penser que nous pourrions avoir des traces des « récits » (*diegeses*) antérieurs auxquels Luc fait référence, non seulement dans le grand ouvrage romain de Marc, mais dans une partie du matériel Q lui-même. Si Antioche était le lieu d'origine de cette première source, si ici aussi on trouvait les archives de l'activité missionnaire d'où provenait le célèbre Journal employé dans les Actes XVI-XXVIII, la contribution de cette église à l'histoire évangélique était de nature à rendre Antioche le centre approprié pour la grande école « historique » d'interprétation des IVe et Ve siècles. Lorsque nous considérons le motif dominant de Luc et son extraordinaire exaltation de l'autorité « apostolique », nous semblons respirer l'atmosphère même d'Ignace, le grand apôtre de l'ecclésiastique et de l'ordre, de la discipline et de la succession apostoliques. La haine d'Ignace envers le dokétisme n'est pas non plus sans une certaine anticipation dans les chapitres d'ouverture et de clôture de l'Évangile de Luc, et peut-être dans le fait que la grande exclusion de Marc commence avec l'histoire de la marche sur la mer (Marc VI, 45). -52).

CHAPITRE VIII

LA TRADITION JOHANNINE. PROPHÉTIE

Dans l'énumération par Paul des « dons » par lesquels l'Esprit qualifie diverses classes d'hommes pour bâtir de diverses manières sur la structure de l'Église, la classe des « prophètes » prend la place juste après celle des « apôtres », un rang encore supérieur. (comme plus manifestement « spirituel ») à celui des « pasteurs et enseignants ». Le Livre des Actes nous montre comme son centre de « prophétie » le plus visible la maison de Philippe l'Évangéliste à Césarée . Cet homme avait quatre filles célibataires qui prophétisaient, et dans sa maison Paul reçut un avertissement « prophétique » sur son sort d'un certain Agabus descendu de Judée . Il y avait aussi des prophètes à Antioche (Actes XIII, 1), bien que les seuls mentionnés nommément soient ce même Agabus [24] et Silas, ou Silvain, qui est également originaire de Judée . Dans l' *Enseignement des Douze,* le « prophète » figure encore parmi les fonctionnaires réguliers de l'Église, pour la plupart voyageur de lieu en lieu et plus ou moins suspect, comme c'est le cas à Rome, où Hermas allie révérence pour « l'ange » qui parle à travers le vrai prophète, avec des avertissements contre les égocentriques. Dans 1 Jean, les « faux prophètes » constituent un grave danger, propageant l'hérésie doketique partout où ils vont. En fait, cette hérésie était, comme nous le savons, le grand péril en Asie. Cependant, l'Asie, bien qu'en proie à de faux prophètes errants, était également devenue à cette époque un siège notable de prophéties vraies et authentiques ; car le même Papias qui montre une telle sympathie avec Polycarpe contre ceux qui « pervertissaient les paroles du Seigneur selon leurs propres convoitises » et s'étaient tournés, comme le conseillait Polycarpe, « vers la tradition transmise depuis le commencement », avait des moyens similaires pour contrecarrer ceux qui « ont nié la résurrection et le jugement ». Parmi ceux sur lesquels il s'appuyait principalement comme représentants de la doctrine apostolique se trouvaient deux de ces mêmes filles prophétisantes de Philippe l'Évangéliste, qui avec leur père avaient émigré de Césarée . Palestine à Hiérapolis, laissant cependant une femme mariée qui résida jusqu'à sa mort à Éphèse. Jusqu'à l'époque de Montanus (150-170), les « Phrygiens » faisaient remonter leur succession de prophètes et de prophétesses à Silvain et aux filles de Philippe.

Nous ne pouvons pas être sûrs que les traditions rapportées par Papias de ces prophétesses proviennent de première main, bien qu'il ne soit pas impossible que Papias lui-même les ait vues. Il est cependant certain que nombre de ses traditions des « Anciens » étaient liées à l'eschatologie et visaient à prouver le caractère matériel et concret des récompenses du royaume ; car nous avons plusieurs exemples de ces traditions, attribuant à

Jésus des descriptions apocryphes de la merveilleuse fertilité de la Palestine sous le règne prochain du Messie, et précisant les demeures des bienheureux. De plus, Eusèbe reproche à Papias les idées grossières d' Irénée et d'autres pères du deuxième siècle qui soutenaient les vues dites « chiliastiques » (*c'est-à-dire* basées sur le règne « de mille ans » du Christ dans Apocalypse xx. 2 *s.*). Nous savons aussi que Papias a défendu la « fiabilité » de l'Apocalypse, un livre qui a servi de grande autorité aux « chiliastes » pendant les cinquante années suivantes dans leur lutte contre les négationnistes de la résurrection. Il en a en fait cité le passage mentionné ci-dessus ; de sorte que s'il faut chercher une raison pour qu'il place « Jean et Matthieu » ensemble à la fin de sa liste de sept apôtres au lieu de leur place habituelle, c'est probablement parce qu'ils étaient ses autorités apostoliques ultimes pour la « parole de prophétie » et respectivement pour le « commandement du Seigneur ». Justin Martyr, contemporain de Papias à Rome, bien que converti à Éphèse et incontestablement déterminé dans sa pensée par le paulinisme asiatique, n'a, comme Papias, que deux *autorités* pour son enseignement évangélique : (1) le commandement du Seigneur représenté dans le tradition pétrine et matthæenne ; (2) la prophétie, représentée dans la continuation chrétienne du don de l'Ancien Testament. Mais on ne fait pas appel à cette seconde autorité sans le soutien de l'apostolicité. La Révélation est citée parmi « nos écrits », comme « les souvenirs des apôtres appelés Évangiles », mais non sans l'assurance supplémentaire que le voyant était « Jean, l'un des *apôtres* du Christ ».

Car la « prophétie », quelle qu'en soit l'acclimatation ailleurs, était à son origine un produit typiquement palestinien. Son fonds de commerce était l'eschatologie juive telle qu'elle s'est développée dans la longue succession d'auteurs de « l'apocalypse » depuis Daniel (165 AV. J.-C.). De la nature de ce type de littérature curieuse et fantastique, nous avons vu quelques exemples dans 2e Thessaloniciens et l'eschatologie synoptique (Marc XIII. = Matth. XXIV. = Luc XXI.). On peut en apprendre davantage en comparant les écrits juifs contemporains de ce type connus sous le nom de 2e Esdras et l'Apocalypse de Baruch. Des exemples plus anciens se trouvent dans les prophéties et les visions censées provenir d'Enoch. Car l'apocalypse est devenue le successeur de la véritable prophétie dans la mesure où la perte de l'existence nationale distincte d'Israël et l'élargissement de son horizon l'ont contraint à rendre ses espoirs messianiques transcendantaux et sa notion du Royaume cosmique. De là toutes les fantasmagories des monstres allégoriques, des esprits et des démons, le grand conflit non plus contre l'Assyrie et Babylone, mais une guerre des puissances de la lumière et des ténèbres, du ciel et de l'enfer. Pourtant, tout se concentre toujours sur Jérusalem en tant que métropole ultime du monde, dont les empires, désormais livrés à la direction de Satan, seront bientôt prosternés sous ses pieds.

Une telle eschatologie du jugement et de la récompense divine est un complément presque nécessaire au type légaliste de religion. Si le christianisme est conçu comme un système de commandements imposés par une autorité surnaturelle, il doit avoir comme motif d'obéissance un système de récompenses et de châtiments surnaturels. Non seulement, donc, parce que pendant des siècles le légalisme des scribes avait en réalité connu son développement correspondant d'apocalypse, avec des visions du grand jugement et du Jour de Yahweh, mais aussi à cause d'une affinité inhérente et nécessaire entre les deux, la « Judée » a continué à se développer . être également le foyer de la « prophétie » à l'époque du Nouveau Testament.

Cependant, le seul grand exemple de ce type de littérature qui a été autorisé (avec quelque réticence) à conserver une place dans le canon du Nouveau Testament semble à première vue être clairement et distinctement un produit d'Éphèse. Il n'existe aucun livre de tradition ancienne qui puisse faire une déclaration aussi claire et précise que celle de l'Apocalypse. Depuis l'époque de Paul, les idées juives de résurrection ont suscité une opposition dans l'esprit grec. Le Grec acceptait volontiers l'immortalité, mais la grossièreté du millénarisme juif, avec son retour des morts de la tombe pour un règne visible et concret du Messie en Palestine, le rebutait. La représentation des Actes XVII. 32 est pleinement confirmé par l'effort constant de Paul dans ses épîtres grecques pour éliminer les pierres d'achoppement de cette doctrine. Il n'est donc pas surprenant de trouver la « prophétie » de l'Apocalypse, et plus particulièrement sa doctrine du règne millénaire du Messie à Jérusalem, un sujet de controverse au moins depuis Méliton de Sardes (167), et probablement depuis Papias . (145). Heureusement , la controverse a donné lieu avec une précision inhabituelle et, dès les premiers temps, des déclarations positives concernant l'origine du livre. Irénée (186) a déclaré qu'il s'agissait d'une œuvre de l'apôtre Jean qui lui avait été donnée en vision « à la fin du règne de Domitien ». La même date (93) peut être déduite des déclarations d'Épiphane concernant l'histoire de l'église de Thyatire. Justin Martyr (153), comme nous l'avons vu, se porte garant du passage crucial (Apocalypse xx. 2 *s.*) comme provenant de « l'un de nous, Jean, apôtre du Seigneur ». Papias (145) se porte garant de son orthodoxie du moins, sinon de son authenticité. Il ne peut y avoir aucun doute raisonnable qu'il a été accepté en Asie au début du deuxième siècle, malgré l'opposition, comme représentant l'autorité de l'apôtre Jean, et comme y étant apparu c . 95. En fait, il n'y a aucun livre de tout le Nouveau Testament dont l'attestation externe puisse se comparer à celle de l'Apocalypse, en termes de proximité, de clarté, de précision et de positivité de la déclaration. Jean est aussi distinctement le père de la « prophétie » dans la tradition du deuxième siècle que Matthieu des « Préceptes dominicaux » et Pierre des « Récits ».

De plus, le livre lui-même prétend avoir été écrit depuis Patmos, une île au large des côtes asiatiques. Il parle au nom de « Jean » comme d'une autorité très élevée et exceptionnelle, bien connue de toutes les sept églises importantes auxquelles il s'adresse, dont la première est « Éphèse ». Par ses références aux noms et aux conditions locales, il prouve même, de l'avis de tous les savants modernes les plus éminents, qu'il a réellement vu le jour pour la première fois (au moins pour la première fois sous sa forme actuelle) à Éphèse, non loin de là. à partir de L'ANNONCE 95.

On pourrait penser que les arguments en faveur de l'authenticité apostolique ne pourraient guère être plus solides. Et pourtant aucun livre du Nouveau Testament n'a eu autant de difficulté, que ce soit dans les temps anciens ou modernes, à conserver sa place dans le canon. Il faut dire également qu'aucun livre ne donne une preuve interne plus solide qu'il a traversé au moins deux étapes très diverses dans son processus de développement jusqu'à sa forme actuelle.

La théorie d'un « autre Jean » est en effet relativement moderne. Personne ne rêvait d'une telle solution jusqu'à ce que Denys d'Alexandrie avance avec hésitation cette conjecture dans sa controverse avec Nepos le Chiliast. Même alors (*vers* 250) Denys (bien qu'il devait connaître le petit travail de Papias) ne pouvait penser à aucun autre Jean à Éphèse que l'Apôtre, à moins que ce ne soit peut-être Jean Marc ! C'est Eusèbe qui l'aide avec joie à découvrir chez Papias « Jean l'Ancien ». Mais Eusèbe lui-même est assez franc pour admettre que Papias ne citait que « les traditions de Jean » et « le mentionnait fréquemment dans ses écrits ». Quand nous lisons les propres paroles de Papias, bien qu'elles soient citées par Eusèbe dans le but exprès de prouver le point discutable, il est évident qu'elles ne prouvent rien de tel, mais impliquent plutôt le contraire, à savoir. que Jean l'Ancien, bien que contemporain de Papias, n'était pas accessible, mais qu'il ne le connaissait que de seconde main, par le récit des voyageurs qui « venaient vers lui ». En bref, comme nous l'avons vu, « Aristion et Jean l'Ancien » étaient les membres survivants d'un groupe « d'apôtres, d'anciens et de témoins du Seigneur » à Jérusalem. Si donc on choisissait d'attribuer les « prophéties » de l'Apocalypse iv.-xxi. à cet Ancien, il ne pouvait y avoir d'objections sérieuses sur le plan de la doctrine, car les « traditions de Jean » rapportées par Papias ne manquaient pas de couleur millénariste . Seulement, ce ne sont pas les « prophéties » de l'Apocalypse iv.-xxi. qui contiennent les références à « John », mais le prologue et l'épilogue qui les entourent ; et celles-ci s'intéressent aux Églises d'Asie aussi exclusivement que les « prophéties » sur la querelle de Jérusalem avec Rome.

Le deuxième siècle est, comme nous l'avons vu, unanime à exclure de la considération tout autre Jean en Asie, à l'exception de l'Apôtre, et si l'auteur du Rév . et XXII. a produit cette impression dans tous les esprits contemporains sans exception, y compris même ceux qui s'opposaient au livre et à sa doctrine, il est extrêmement probable que telle était son intention. Les négationnistes de la résurrection et du jugement n'ont pas fait remarquer à Polycarpe, Papias, Justin, Méliton et Caïus qu'ils confondaient deux Jean, attribuant à l'Apôtre le travail d'un simple Ancien. Ils déclarèrent rondement l'attribution à Jean fictive ; et depuis les preuves internes de l'état des églises et de la croissance de l'hérésie en chh . je .-iii. et la succession impériale jusqu'à Domitien en chh . XIII. et XVII. corroborent fortement la date assignée dans l'Antiquité (*c.* 93), nous n'avons d'autre choix, si nous admettons que l'apôtre Jean avait été depuis longtemps « tué par les Juifs », [25] que de supposer que ce livre, comme presque tous les Les livres de « prophétie » sont en effet pseudonymes. Il ne s'ensuit pas que celui qui prend le nom de « Jean » dans le prologue et l'épilogue (i . 1 *f.* , 4, 9 ; xxii. 8) pour dire au lecteur avec certitude qui est le prophète, soit coupable de fausse déclaration intentionnelle. Si quelque chose peut être clarifié par la critique, il est clair que les prophéties n'étaient pas les siennes. Ils provenaient d'une source anonyme. Le « pseudonyme » consiste simplement à donner à une conjecture l'apparence d'un fait indubitable.

Mais pourquoi un écrivain qui voulait revêtir d'autorité apostolique les « prophéties » qu'il promulguait, ne prendrait-il pas hardiment le titre d'« apôtre », comme l'a fait l'auteur de 2e Pierre en adaptant de la même manière l'Épître de Jude ? Pourquoi, s'il prend le nom de l'apôtre martyr Jean, s'abstient-il de dire : « Moi, Jean, apôtre *ou* disciple *du Seigneur* », et se contente-t-il de la désignation et de l'autorité plus humbles de « prophète » ?

Cette question nous met face aux phénomènes structurels les plus remarquables du livre, et on ne peut y répondre de manière compréhensible tant que nous ne les avons pas examinés.

La caractéristique marquante de l'Apocalypse est son adaptation d'un matériel littéraire traitant et applicable à une situation historique et géographique, à une autre situation presque complètement différente. Les premiers chapitres, consacrés à la vision de « Jean » sur Patmos et aux conditions et dangers des sept Églises d'Asie, emploient en effet certaines des expressions de la substance du livre. Les promesses de l'Esprit aux églises rappellent les gloires de la Nouvelle Jérusalem de la vision finale du voyant. Il y a une référence à la persécution locale à Smyrne incitée par les Juifs (« une synagogue de Satan ») et qui devait durer « dix jours », et il y a une référence isolée à un martyre d'époques révolues dans le message au église de Pergame (ii. 13) rappelant de loin le sang et la souffrance dont est plein le corps de l'œuvre. C'est ce que nous devrions bien sûr attendre d'un adaptateur de « prophéties » existantes. Mais l'inverse, *je . e.* la prise en compte des conditions historiques d'Éphèse et de ses églises sœurs, de la part de l'ensemble de l'ouvrage, fait absolument défaut. D'un côté se trouve la situation des églises pauliniennes sur la côte orientale de la mer Égée en 93-95 APRÈS JC. Le prologue et l'épilogue (Apoc . I. -III. et XXII. 6-21) concernent ces églises d'Asie et leur développement dans la foi, en particulier leur croissance dans les bonnes œuvres, la pureté des souillures du monde et la résistance. aux incursions de l'enseignement hérétique. Le message de l'Esprit, transmis à travers « Jean », vise à encourager les membres de ces églises à vivre purement face aux tentations de la mondanité et de l'impureté. Les épîtres aux églises, en un mot, appartiennent à la même classe que les Pastorales, Jude et II Pierre, quant à leur objet et à la situation rencontrée ; bien qu'ils soient écrits pour contenir des visions apocalyptiques qui traitent d'une situation totalement différente.

Les visions, au contraire, ne prêtent aucune attention à l'Asie (proconsulaire) et à ses problèmes. Leur scène est la Palestine, leur sujet le résultat de la lutte atroce de Jérusalem contre Rome. A partir du moment où le seuil de iv. 1 est franchi, il n'y a aucune conscience de l'existence de lieux tels qu'Éphèse, Smyrne et Thyatire. Les scènes sont palestiniennes. Le grand champ de bataille est Har- Magedon (*c'est -à-dire* la ville de Megiddo, sur la plaine d'Esdraelon, scène du renversement de Josias, 2e Rois xxiii. 29 *s.*). « La ville », « la grande ville », « la ville sainte », c'est Jérusalem ; bien que « spirituellement (dans l'allégorie), elle soit appelée Sodome et Égypte » (*c'est - à-dire* un lieu d'où les saints s'échappent pour éviter sa perte). Lorsque les saints fuient l'oppression du dragon, c'est vers « le désert ». Lorsque les hordes d'envahisseurs s'y précipitent, c'est au-delà de « l'Euphrate ». Lorsque les rachetés apparaissent en compagnie du Christ, c'est sur le mont Sion ; ils constituent une armée de 144 000 hommes, douze mille de chacune des douze tribus. Deux puissances antagonistes s'opposent. D'un côté se trouve Jérusalem et son temple, maintenant livrés aux païens pour être foulés aux pieds pendant quarante-deux mois, de l'autre se trouve Rome, non plus, comme chez Paul, une puissance bienfaisante et protectrice, mais la ville du bête, Babylone la grande prostituée, dont le jugement imminent pleurera les païens, mais tous les serviteurs de Dieu se réjouiront. Jérusalem reconstruite, glorifiée, métropole du monde, siège et résidence de Dieu et de son Christ, prendra la place de Rome, siège de la bête et du faux prophète. Les portes de cette Nouvelle Jérusalem seront ouvertes pour recevoir le tribut de toutes les nations païennes, et porteront sur elles les noms des douze tribus d'Israël. Les fondations des remparts de la ville porteront « les noms des douze apôtres de l'Agneau ».

Tout cela est une preuve cumulative que l'horizon du voyant de l'Apocalypse iv.-xx. est celle de la Palestine. Son expansion dans les Lettres introductives de l'Esprit aux Églises pour inclure les sept Églises d'Asie (proconsulaire) est aussi limitée à sa manière que l'original. L'auteur ultérieur ajoute simplement la province spéciale où il souhaite que la « prophétie » circule, avec ses intérêts particuliers ; il n'y a pas de véritable relation entre les deux parties.

C'est un problème d'une grande complexité que de démêler les différents brins de cette œuvre étrange et fantastique, aussi certain soit-il que nous avons là un conglomérat dont les matériaux proviennent de différentes époques. Certains éléments, comme le ch. XI. sur le sort de Jérusalem, semblent dater en partie d'avant 70 ; d'autres, comme ch. XVIII. sur le sort de Rome, montrent que, bien que composé à l'origine pour les circonstances du règne de Vespasien ou de Titus, le temps a été prolongé pour englober au moins le début de celui de Domitien. [26] L'auteur s'appuie principalement sur les prophètes apocalyptiques hébreux, tels qu'Ézéchiel, Daniel et Enoch, mais il n'a pas été tout à fait inhospitalier envers une mythologie originairement gentille comme la doctrine des sept esprits de Dieu et le conflit entre Michel et ses des anges avec le dragon. Il laisse entendre que ses prophéties ne s'étaient pas limitées à une période ou à un seul peuple (x. 11). Lorsqu'il traduit le nom « hébreu » de l'ange de l'abîme, « Abaddon », en son équivalent grec (ix. 11), ou qu'il utilise des équivalents numériques hébreux pour les lettres du nom d'un homme (xiii. 18), il Il n'est pas difficile de deviner que cette prophétie avait au moins son origine en Palestine. En fait, il n'y a aucun autre pays où les références géographiques sont vraies, et aucune autre période, si ce n'est celle peu après le renversement de Jérusalem par Titus, qui offre la situation historique ici présupposée, où l'adoration de « la bête et son image » est exigée de tous. les saints par le souverain terrestre (Domitien), et le renversement de la ville aux sept collines par l'un de ses propres dirigeants en ligue avec des puissances moindres est attendu avec impatience comme sur le point de venger les souffrances infligées aux Juifs. En ce qui concerne cet espoir de renversement de Rome, nous savons que la légende du retour imminent de Néron à la tête d'armées d'ennemis parthes pour reconquérir son empire s'est répandue en Asie Mineure sous le règne de Domitien, et cette légende est certainement développée dans l'Apocalypse XIII. . et XVII. D'un autre côté, l'auteur, s'il est jamais venu en Asie, n'a pas cessé d'être un juif palestinien. Il opère exclusivement (après iv. 1) avec les matériaux et les intérêts de l'apocalypse juive et judéo-chrétienne. Il n'a aucun intérêt dans les églises d'Asie. Il ne trahit pas d'une seule syllabe la connaissance même de leur existence, sans parler de leurs dangers, de leurs hérésies, de leurs tentations. Il indique très clairement qu'il est un prophète chrétien (x. 7-11), et (pour nous) presque également clair qu'il n'est pas l'un *des* douze apôtres dont il voit les noms écrits sur les fondations du Nouveau Testament. Jérusalem (XXI, 14). Mais puisque sa prophétie, avec tous ses éléments hétérogènes, concernait le triomphe final du Messie et l'établissement de son royaume, après le renversement de la puissance de Satan, puisqu'elle dépeint « le temps où les morts seront jugés, et le temps de donner leur récompense à tes serviteurs les prophètes, aux saints et à ceux qui craignent ton nom", il ne pouvait manquer d'être accueilli par les chrétiens orthodoxes en Asie (proconsulaire). Car les Églises d'Asie étaient engagées à cette époque dans une lutte vigoureuse contre les hérétiques négationnistes de la résurrection et du jugement. Seulement, une simple prophétie anonyme venant de Palestine ne pouvait obtenir aucune monnaie faisant autorité en Asie. Pour être accepté, même parmi les orthodoxes, il faut lui attacher un nom de valeur apostolique, comme nous le voyons dans le cas des deux épîtres de Pierre et de celles de Jacques et de Jude. Les épîtres de l'Esprit aux églises sont donc de véritables « lettres de louanges », comme si elles présentaient un prophète vivant et non simplement une prophétie écrite. Le Jean qu'ils présentent n'est pas appelé apôtre pour la très simple raison que les visions elles-mêmes se réfèrent partout à leur destinataire comme à un « prophète ». L'auteur du prologue et de l'épilogue ne néglige pas le langage de son matériel. Comme nous l'avons vu, il intègre soigneusement sa phraséologie dans les « lettres ». Donc avec son insertion du nom « John ». Cela ne se produit nulle part sauf dans i . 1 *f.* , 4, 9 et XXII. 8 *f.* Tous ces passages, mais surtout xxii. 8 *f.* , sont basés sur xix. 9 *b* , 10, n'ajoutant rien à la représentation si ce n'est le nom « Jean » et le lieu « Patmos ». En fait, xxii. 6-9 reproduit xix. 9 *f.* , pour la plupart textuellement, bien qu'il soit clairement inimaginable que le voyant du premier passage se présente comme offrant une *seconde* fois d'adorer l'ange, et comme recevant *à nouveau* exactement la même réprimande qu'il avait reçue si peu de temps auparavant. Celui qui se fait appeler « John » au XXII. 8 n'est donc *pas* le prophète du XIX. 10. L'épilogue lui-même a apparemment reçu des suppléments successifs, et le prologue son préfixe ; mais celui qui insère le nom de Jean l'a fait avec prudence. Il n'a peut-être pas eu l'intention de laisser ouverte l'ambiguïté trouvée par Denys et Eusèbe entre l'Apôtre et l'Ancien, comme refuge en cas d'accusation, mais il a au moins pris soin de ne pas transgresser les limites du texte qu'il reproduit. Le voyant parlait de lui-même comme d'un « *prophète* » écrivant au milieu d'une grande *tribulation* , au sujet du *royaume* à suivre pour ceux qui *ont enduré* . Il avait dit qu'il avait reçu « les vraies *paroles de Dieu* » d'un *ange* qui déclarait : « Je suis ton *compagnon* de service et celui de tes *frères* qui détiennent *le témoignage de Jésus* » (*c'est -à-dire* la confession du martyre). Le prologue décrit donc « Jean » comme un *serviteur* de Jésus, qui a reçu d'un *ange* la *parole de Dieu* et *le témoignage de Jésus* (i . 1 *f.*). Il est *frère* et participe à la *tribulation* , *au royaume* et *à l'endurance* qui sont en Jésus. Lorsqu'il vient en Asie, c'est « pour la *parole de Dieu* et *le témoignage de Jésus* ». L'endroit d'où il délivre son message prophétique n'est pas situé à Éphèse, ni dans aucune ville où les habitants pourraient dire : « Mais l'apôtre Jean n'a jamais été parmi nous ». Il réside temporairement (prisonnier dans les carrières ?) sur l'île peu fréquentée de Patmos. On pouvait donc supposer qu'il voyait « dans l'Esprit » la situation des affaires dans les églises d'Asie sans se poser de questions gênantes sur le moment, le comment et le pourquoi.

Nous pouvons alors penser à ce livre de « prophétie » paru dans les environs d'Éphèse vers « la fin du règne de Domitien » (95). Mais seuls les lettres d'accompagnement adressées aux églises et l'épilogue garantissant le contenu proviennent d'ici à cette époque. Les « prophéties », occupées exclusivement par la rivalité de Jérusalem et de Rome et par le jugement qui sera exécuté pour la première sur son adversaire impitoyable, portent des marques indubitables de leur origine palestinienne, non seulement dans les situations historiques et géographiques présupposées, mais dans les hébraïsmes « provocateurs » de la langue et dans les traductions avouées de « l'hébreu ». Elles sont une importation de Palestine comme « les paroles saines, même les paroles du Seigneur Jésus » mentionnées dans les Pastorales. Les Églises d'Asie ressentent le besoin d'une autorité apostolique contre les négationnistes de la résurrection et du jugement, autant que contre ceux qui pervertissent les paroles du Seigneur. Des centres tels que les maisons des filles prophétisantes de Philippe à Éphèse et à Hiérapolis étaient encore plus compétents que les autres pour répondre à cette demande. Agabus n'aura pas été le seul prophète de Judée à leur rendre visite, surtout après la « grande tribulation » qui frappa « ceux de Judée ». Il n'y a rien d'étranger à l'habitude de l'époque, même dans les cercles chrétiens, si des « prophéties » anonymes provenant d'une telle source sont traduites, éditées et diffusées sous le couvert d'épîtres élogieuses écrites au nom de « Jean » à une époque où Jean avait en effet participé à la fois à la tribulation et au royaume de Jésus. Ils n'auraient guère obtenu de monnaie s'ils n'avaient pas été attribués à un apôtre ; car la négation de l'apostolicité de ce livre l'a toujours privé de son autorité.

D'un autre côté, le prophète (palestinien) actuel n'a pas une opinion aussi exaltée de lui-même que de ceux dont il voit les noms écrits sur les fondations des murs de la Nouvelle Jérusalem (Xxi, 14). Il n'est pas apôtre et ne prétend pas l'être. Il ne montre pas la moindre trace d'association avec Jésus terrestre, et fait preuve d'un esprit de vengeance envers les ennemis d'Israël qui a plus de l'esprit des psaumes imprécatoires que de l'esprit de Jésus. Il considère Jésus comme un roi et un juge accordant des récompenses célestes aux martyrs d'une manière tout à fait incompatible avec sa réprimande envers Jacques et Jean (Marc X. 40). Il y a bien loin de là à l'apostolat et à l'intimité personnelle avec Jésus.

La valeur principale de l'Apocalypse pour celui qui étudie les origines chrétiennes est que, grâce à sa date clairement déterminable (Éphèse, 93-95), il peut se placer à un point d'observation d'où il peut regarder non seulement autour de lui les conditions des églises pauliniennes comme le montrent les lettres, contrarié par l'hérésie gnostique croissante et le laxisme moral, mais aussi à la fois en arrière et en avant. Le regard rétrospectif montre la Palestine émergeant des horreurs de la guerre juive, pleine d'amertume contre Rome, maintenue sous une tyrannie haineuse et aspirant à se venger du despote avec ses « noms de blasphème » et ses exigences de culte pour « l'image du bête » (culte de l'empereur). Ici, l'apocalypse juive (comme dans le 2e Esdras) et la « prophétie » chrétienne sont étroitement en accord. En effet, une partie considérable du matériel de Rev. iv.-xxi., en particulier dans chh . xi.-xii. est finalement d'origine juive plutôt que chrétienne. Quel a été le développement de la « prophétie » chrétienne en Palestine depuis les temps apostoliques jusqu'à la dispersion de l'Église des « apôtres et des anciens » après la guerre de Bar Cocheba (135) , nous ne pouvons que le déduire des apocalypses juives apparentées et de l'apocalypse chiliastique. traditions des Anciens » cité par Irénée de Papias. Un regard vers l'avenir depuis notre point d'observation à Éphèse *c.* ad 95, montre les effets de l'importation palestinienne s'étendant de génération en génération, d'abord dans la longue controverse chiliastique contre les gnostiques doketiques , y compris la « prophétie » montaniste ; deuxièmement, dans la croissance d'une prétention à la succession apostolique de Jean.

(1) Dans la controverse chiliastique qui dure depuis un siècle, les principales pommes de discorde sont la doctrine (non paulinienne) de la résurrection de la chair (c'est le cas du Symbole des Apôtres et des pères du IIe siècle) et celle d'un règne visible de la chair. Christ pendant mille ans à Jérusalem. La nouvelle forme d'évangile de résurrection qui, à peu près à cette époque, commence à remplacer l'évangile apostolique du 1er Cor. XV. 3-11, centré sur le vide du sépulcre et sur les fonctions tangibles et consommatrices de nourriture du corps de résurrection de Jésus, au lieu des « manifestations » aux apôtres, est caractéristique de cette lutte contre la disposition grecque à spiritualiser. Luc et Ignace représentent l'attitude des orthodoxes, les adversaires d'Ignace celle de ceux qui niaient que Jésus était « dans la chair après sa résurrection ». La Révélation, comme les « traditions des Anciens », défend le royaume visible du Messie à Jérusalem.

(2) Dans l'effort pour l'autorité apostolique, les écrits qui ont fini par représenter l'orthodoxie asiatique ont tous été placés sous le nom et l'autorité de l'apôtre Jean, bien que pendant de nombreuses décennies après l'apparition de l'Apocalypse, Paul, et non Jean, reste le autorité apostolique à laquelle on fait appel, et bien que les écrits eux-mêmes soient à l'origine anonymes. Il y avait, en effet, une cause contributive à la croissance de cette tradition dans la circonstance accidentelle qu'un ancien palestinien dont Papias tirait des traditions indirectes, et selon toute probabilité directes, Polycarpe, portait également le nom de Jean et survécut jusqu'en 117 après JC . Pourtant, la principale raison pour laquelle ce nom apostolique particulier a finalement été placé sur l'Évangile et les épîtres de la chrétienté éphésienne ne peut avoir été que son adoption antérieure pour couvrir la compilation des « prophéties » palestiniennes de 95 après

J.-C.

PARTIE IV

LA LITTERATURE DU THÉOLOGIEN

CHAPITRE IX

L'ÉVANGILE SPIRITUEL ET LES ÉPÎTRES

L'Asie, telle que nous l'avons connue à travers une succession d'écrits datant des Colossiens-Éphésiens (*c.* 62) jusqu'à Papias (145), était devenue la principale scène de réaction mutuelle entre le christianisme « apostolique » et paulinien au début. fin du premier siècle. Ici, à Éphèse, se trouvait le grand quartier général de l'activité missionnaire de Paul. Ici, il avait raisonné quotidiennement à l'école d'un certain Tyrannus, philosophe, et avait trouvé « de nombreux adversaires ». Ici, il avait rencontré les « Juifs ambulants, les exorcistes » et avait obtenu la destruction d'une immense masse de livres de magie. Ici, selon les Actes, il a prédit les incursions de l'hérésie après son « départ », et ici la littérature suivante témoigne abondamment de l'accomplissement de la prédiction. Les Éphésiens et les Colossiens commencent la série, les Épîtres pastorales (*vers* 90) la poursuivent. Suivent ensuite les « lettres aux églises » de l'Apocalypse (95) et les épîtres ignatiennes (110-117), sans parler de celles dont l'origine est incertaine, comme Jude et 2e Pierre.

Les Pastorales montrent déjà que même les Églises pauliniennes ne sont pas exemptes de la tendance inévitable de notre époque à se replier sur l'autorité. La sublimité même de la conscience de Paul de l'inspiration apostolique rendait encore plus difficile pour la génération suivante d'en affirmer une pour elle-même. De plus, l'hérésie se développait rapidement. Si même la pression extérieure de la persécution tendait à rapprocher les Églises dans une sympathie fraternelle, le besoin de normes traditionnelles semblerait encore plus indispensable pour maintenir le « type de saine doctrine », « la foi transmise une fois pour toutes aux saints ». Sans cela, il serait impossible de contrôler l'individualisme des erronéistes qui ont pris comme modèle le sens de l'inspiration personnelle et la perspicacité mystique de Paul, *sans* la sobriété de Paul en matière de contrôle critique sous le critère de « la loi du Christ ». Il n'est donc pas surprenant de constater, même au siège du paulinisme, au début du deuxième siècle, une forte tendance à réagir en faveur des normes « apostoliques ». En particulier, comme l'exagération gnostique du mysticisme paulinien conduisait toujours plus au mépris des préceptes de la morale commune et à une divergence plus large avec les conceptions juives du monde à venir, il était naturel que des hommes comme Polycarpe et Papias se tournent vers le Matthæan . et à la tradition pétrinienne des oracles du Seigneur, et aux « prophéties » johanniques concernant la résurrection et le jugement.

Si rien n'était intervenu entre les gnostiques et les réactionnaires, les éléments les plus vitaux de l'évangile de Paul auraient très bien pu disparaître, même dans ce grand quartier général du paulinisme. Les Doketistes , avec leur mysticisme hellénistique exagéré, n'étaient certainement pas les véritables successeurs de Paul. Ils ont montré un mépris presque méprisant pour le Jésus historique, un objectif unilatéral de rédemption personnelle, par l'union mystique de l'âme individuelle avec l'esprit du Christ, jusqu'au mépris de « la loi du Christ », même dans certains cas de problèmes communs. moralité. Paul se caractérisait par une splendide fidélité à la pureté personnelle, à l'idéal social du Royaume et à l'unité de la fraternité dans un esprit de service réciproque. D'un autre côté, des hommes comme l'auteur des Épîtres pastorales, Ignace et Polycarpe, avec leur recours presque paniqué à l'autorité du passé, ne perpétuaient pas le véritable esprit du grand Apôtre. Ils s'appuyaient sur la discipline ecclésiastique, miracle concret et massif dans l'histoire de Jésus, particulièrement sur le point de la résurrection corporelle — ou, comme ils auraient dit, « charnelle » —. Leur conception de ses « paroles » enregistrées en faisait une norme et une règle fixes et surhumaines, une « nouvelle loi ». Les enseignants de ce type, même s'ils désiraient et croyaient perpétuer le « dépôt sacré » de Paul, en conservaient en réalité la forme et manquaient son esprit. De tels hommes se tourneraient volontiers vers la tradition transmise, les paroles de Matthæan et l'histoire de Petrine. Mais dans le premier cas, ils ne trouveraient pas de reflets du sens du Fils. Ils ne trouveraient qu'une loi supplémentaire, un ensemble de règles nouvelles et plus élevées. Dans l'histoire, ils ne découvriraient pas la vision paulinienne de la Sagesse divine préexistante qui habite l'homme, produisant un deuxième Adam, frère aîné d'une nouvelle race, les enfants et héritiers de Dieu. Ils prendraient le mysticisme de Paul et le ramèneraient au niveau de l'homme de la rue. Jésus serait pour eux soit un homme complètement surhumain, se rapprochant du demi-dieu païen, soit une divinité incognito ; ou bien un homme doté de « toute la fontaine de l'Esprit » pour exercer perpétuellement et sans interruption toutes ses fonctions miraculeuses. L'histoire de la croix se cacherait derrière les prodiges.

Surtout, l'importation de prophéties apocalyptiques pourrait rendre justice à la doctrine paulinienne des « dernières choses ». Il est vrai que Paul est lui-même un « prophète », profondément imprégné des fantastiques doctrines palestiniennes. Lui aussi croit en un conflit mondial, un triomphe du Messie sur l'Antéchrist. Plus particulièrement dans l'une de ses toutes premières épîtres (2e Thessaloniciens), nous avons un aperçu de ces particularités juives. Mais celles-ci sont toujours contrebalancées chez Paul par une vision plus large et plus sobre, qui tend de plus en plus à prendre le dessus. Sa doctrine de l'union spirituelle avec le Christ, sa compréhension actuelle de « la vie cachée avec le Christ en Dieu », une doctrine de filiation grecque plutôt qu'hébraïque, prévaut sur l'imagerie de l'apocalypse juive. Dans les épîtres ultérieures, il s'attend plutôt à « partir et être avec Christ » qu'à être « enlevé dans les airs » avec ceux qui sont vivants et restent à la « Venue ». Ainsi, même si Paul a eu l'occasion à maintes reprises de défendre sa doctrine juive de la résurrection contre la tendance grecque à la raffiner pour en faire une simple doctrine de l'immortalité, son remède n'est pas un simple retour dans les grossièretés du millénarisme juif. Il n'aurait surtout pas pu sympathiser avec l'esprit nationaliste, et même vindicatif, de l'Apocalypse IV-XXI, avec sa grande bataille de Jérusalem aidée par le Messie et les anges, contre Rome aidée par Satan et la Bête. La doctrine de Paul sur la résurrection du « corps » en « revêtant » l'esprit d'un « tabernacle » dérivé « du ciel », son espoir d'un Royaume messianique qui serait le triomphe de l'humanité sous un « second Adam », a son caractère apocalyptique. caractéristiques. C'est une victoire sur les ennemis démoniaques, « les armées spirituelles de méchanceté dans les lieux célestes » ; mais il a la réserve d'un pharisien instruit contre les formes les plus grossières de la prophétie juive. Il montre l'esprit du citoyen romain cosmopolite et du penseur philosophique, et pas seulement celui du fanatique juif.

Comme il serait salutaire que Paul lui-même ait pu vivre pour contrôler les éléments divergents parmi ses églises, pour contrôler l'individualisme subjectif des gnostiques d'une part, et les tendances réactionnaires des orthodoxes d'autre part. Ses paroles d'adieu à ses bien-aimés Philippiens expriment une triste appréciation de la nécessité pour eux de « demeurer dans la chair » (Phil. 1. 24). Pourtant, il y avait une chose encore plus opportune : qu'il les respecte en esprit. Et c'est exactement ce que nous trouvons mis en évidence dans le grand Évangile « spirituel » et dans les épîtres d'Éphèse qui l'accompagnent.

Le débat fait toujours rage sur un simple nom, attaché par la tradition à ces écrits qui eux-mêmes ne portent pas de nom. Les titres préfixés par les premiers transcripteurs les attribuent à « John ». Mais ils ne sont jamais utilisés avant 175-180 d'une manière qui suggère, même de loin, qu'ils étaient alors considérés comme écrits par Jean, ou même comme apostoliques dans un quelconque sens. Et lorsque l'on remonte la tradition à sa forme la plus ancienne, dans l'épilogue attaché à l'Évangile (Jean XXI.), elle semble n'être qu'une tentative douteuse d'identifier cette figure mystérieuse, le « disciple que Jésus aimait ». Si l'on reporte cependant cette question soulevée par l'Épilogue, les écrits peuvent au moins être attribués à un lieu déterminé (Éphèse) et à une date assez précise (*c.* 105-110), avec le consentement général tant de la tradition antique que de critique moderne. C'est pour nous l'important, car cela nous permet d'en comprendre le but et la portée ; alors que même ceux qui prétendent qu'ils ont été écrits par l'apôtre Jean ne peuvent guère utiliser le fait allégué. Car (1) le peu que l'on sait de Jean à partir d'autres sources est complètement opposé aux caractéristiques de ces écrits. Ils se caractérisent par un large universalisme et reproduisent le mysticisme de Paul. Pour les attribuer au Pilier de Gal. ii. 9, ou le pêcheur galiléen de Marc i . 19 et ix. 38, il devient nécessaire de supposer que Jean, après avoir émigré à Éphèse, a subi une transformation si complète qu'elle fait de lui en réalité un autre homme. (2) La faible possibilité que la base de l'Apocalypse puisse représenter l'apôtre Jean devient plus lointaine que jamais. Or, il est curieux que les critiques qui s'en tiennent à la tradition très controversée selon laquelle l'apôtre Jean a écrit l'Évangile et les épîtres, bien que ces écrits ne prétendent pas de la sorte et n'aient aucune affinité avec le personnage connu, montrent en règle générale un empressement remarquable à rejeter les affirmations de l'Apocalypse, qui déclare positivement que Jean en a été l'auteur, et qui a des preuves bien plus solides, tant internes qu'externes, à l'appui de cette affirmation, que ne l'ont l'Évangile ou les Épîtres. Nous préférons peut-être le style et la doctrine de l'Évangile et des épîtres, mais jouer avec les preuves ne peut que discréditer les critiques de ce type. (3) La valeur de la démonstration de la paternité johannique résiderait dans le fait que nous aurions alors un témoignage direct de la vie réelle et de l'enseignement de Jésus, infiniment supérieur à la tradition lointaine et indirecte des sources synoptiques actuelles. Mais en réalité, ceux qui soutiennent la paternité johannique n'osent pas affirmer une telle supériorité historique. Au contraire, ils considèrent la tradition synoptique non seulement historiquement supérieure à « Jean », tant en termes de paroles que de déroulement des événements, mais ils sont enclins à attribuer à cet apôtre galiléen une abstraction philonienne extrême, de sorte qu'il préfère même une « fiction » délibérée . " au fait. Ainsi, le raisonnement employé pour défendre la tradition détruit le seul élément qui pouvait lui donner de la valeur.

En revanche, il est possible de faire abstraction de ces controverses secondaires, qui ne visent qu'à accroître ou diminuer l'autorité des écrits en affirmant ou en niant qu'ils ont été écrits par l'apôtre Jean, et d'en aborder l'interprétation sur la seule base de ce qui est réellement connu, accrédité à la fois par la tradition ancienne et par la critique moderne. Sur cette base, nous pouvons affirmer avec certitude qu'ils sont nés à Éphèse au début du deuxième siècle, « spiritualisant » ce que nous avons appelé l'enseignement « apostolique », tout en réagissant fortement contre l'hérésie dokétique et antinomienne. Grâce à une telle procédure, nous emploierons les méthodes critiques modernes avec le plus grand avantage pratique dans l'intérêt d'une interprétation véritablement historique.

Même ceux qui trouvent des différences minimes dans le style et le point de vue entre les épîtres et l'Évangile de Jean admettront que les quatre documents émanent de la même période, de la même situation et des mêmes circonstances, et représentent la même école de pensée. Nous ne commettrons donc aucune erreur grave si nous les traitons comme écrits par le même individu, et même comme destinés à s'accompagner l'un l'autre. Nous aurons l'exemple d'une autorité aussi élevée que Lightfoot, qui considérait le 1er Jean comme un épilogue composé pour accompagner l'Évangile à la place de l'épilogue actuel (Jean XXI.). De plus, les distinctions dans le traitement ancien de 1 Jean et des deux plus petites épîtres sont toutes postérieures à l'attribution de l'Évangile et de la première épître à l'apôtre, et en sont une conséquence. Car 1er Jean et l'Évangile avaient toujours été inséparables, et n'ayant aucun nom attaché pouvait facilement être traité comme celui de l'Apôtre. Mais les 2e et 3e Jean se déclarent distinctement écrits par un « Ancien » ; et à l'époque où les hommes appréciaient encore la distinction entre un ancien et un apôtre, on considérait que c'était une difficulté si sérieuse que les deuxième et troisième Jean furent classés dans la classe des écrits « contestés ». En réalité, 1er Jean et l'Évangile sont tout aussi certainement l'œuvre d'un « Ancien » que 2e Jean et 3e Jean, bien qu'aucune déclaration à cet effet ne soit faite. De plus, 1 Jean et l'Évangile peuvent être traités en toute sécurité comme du même auteur ; car les différences infimes qui existent dans le style et le point de vue peuvent être pleinement expliquées par les processus de révision que l'Évangile a manifestement subis. C'est plus raisonnable que d'imaginer deux auteurs si extraordinairement semblables l'un à l'autre et extraordinairement différents des autres.

"L'Ancien" ne donne pas son nom, et il est inutile pour nous d'essayer de le deviner, même s'il était bien sûr bien connu de son ami "bien-aimé" "Gaius", à qui la troisième lettre (l'enveloppe extérieure) était abordée. Nous avons simplement trois épîtres, dont une (3e Jean) personnelle, adressée audit Gaius, qui doit servir d'intermédiaire à l'écrivain auprès de « l'Église », parce que Diotrèphe, son évêque, s'oppose violemment à lui. Un autre (2e Jean) s'adresse à une église particulière (« la dame élue et ses enfants »), selon toute vraisemblance l'église de Diotrèphe et de Gaius. Il se peut qu'il s'agisse de la lettre mentionnée dans 3e Jean 9. La troisième (1er Jean) est entièrement générale, pas même tellement modifiée du type de l'homélie vers celui de l'épître comme Hébreux ou Jacques ; car il n'a ni suscription ni clôture épistolaire. Et pourtant, il l'est et parle de lui-même (i . 4 ; ii. 1, 7, 9, 12-14, etc.) comme un produit littéraire. Il n'est pas impossible que ce groupe d'épîtres, une individuelle, une à une église particulière, une générale, ait été composé d'après le plan du groupe similaire adressé par Paul aux églises de cette même région, Philémon, Colossiens, et plus encore. épître générale connue sous le nom d'Éphésiens. Il se peut qu'elles aient été destinées à accompagner et à introduire l'Évangile écrit par le même auteur, tout comme les prophéties de l'Apocalypse iv.-xxi. sont introduits par les « épîtres » du Rév . I. -III., ou comme Luc-Actes est envoyé sous pièce jointe à Théophile pour publication sous son patronage. Quoi qu'il en soit, que le lien avec l'Évangile soit plus proche ou plus éloigné, pour apprendre quelque chose de vraiment fiable sur l'écrivain, son objectif et son environnement, nous devons commencer par ses propres références à eux, d'abord dans la lettre à Gaius, puis dans celle à " la dame élue et ses enfants", puis dans sa "parole d'exhortation" aux jeunes et aux vieux, du 1er Jean. Nous aurons ainsi enfin une approche historique de ce traité sur la manifestation de Dieu dans le Christ qui lui vaut depuis l'Antiquité le titre de « théologien » .

Troisième Jean montre que l'auteur est un homme éminent dans l'église (plus grande ?) d'où il écrit, assez vieux pour parler de Gaius avec éloges comme l'un de ses « enfants », bien que Gaius lui-même ne soit certainement pas un simple jeune, et suffisamment éminent. appeler Diotrèphe pour répondre de sa mauvaise conduite. Il a envoyé des ouvriers évangéliques, dont certains sont récemment revenus et ont témoigné « devant l'Église » de leur accueil hospitalier par Gaius. Pour cela, il remercie Gaius et l'exhorte à continuer son bon travail. L'objet principal de la lettre est cependant de féliciter Démétrius, qui est sans doute porteur de cette lettre ainsi que d'une autre écrite « à l'Église » (2e Jean ?). Cette lettre, craint l'auteur, n'arrivera jamais à destination si Diotrèphe parvient à ses fins. Il y a très peu de choses qui indiquent d'où vient l'opposition de Diotrèphe, mais le peu qu'il y a (verset 11) pointe vers ceux qui prétendent « voir » Dieu et être « de » Lui, sans fondement adéquat dans une vie de pureté et de pureté. bienfaisance. La lettre « à l'Église » est plus explicite.

Second John est parfaitement défini dans son objectif. Après avoir félicité la « dame élue » pour ceux de ses enfants (membres) que l'auteur a trouvés menant une vie chrétienne cohérente, il supplie l'Église de se souvenir du « nouveau commandement » de Jésus, qui n'est pas encore nouveau mais le fondement de tout, le commandement de l'amour ministériel. La raison de cette urgence est que « beaucoup de trompeurs sont entrés dans le monde, même ceux qui ne confessent pas que Jésus-Christ vient dans la chair » (verset 7). Et nous tombons ici sur une application très nouvelle et distinctive d'une donnée ancienne de « prophétie », différenciant clairement cet auteur de l'auteur de l'Apocalypse. L' hérésie dokétique est explicitement identifiée avec « le trompeur et l'antéchrist ». Cela a dû être un tournant nouveau et surprenant pour des hommes habitués à associer l'idée de l'Antéchrist au pouvoir persécuteur de Rome. Satan, comme nous le savons, a été conçu à plusieurs reprises comme agissant par la coercition d'une force extérieure exercée contre le Messie et son peuple par l'intermédiaire de la Bête et du faux Prophète (Ap. XIII). Il y avait aussi une bonne autorité pour un « homme de péché » mystique se présentant comme Dieu dans le temple (2e Thess. ii. 4), ou pour relier « l'abomination qui dévaste » de Daniel aux souffrances de la guerre juive et les tentatives ultérieures des faux prophètes pour tromper les élus avec des prodiges mensongers (2e Thess. ii. 9 ; Marc XIII. 22 ; Apocalypse XIII. 14). Mais c'était une nouvelle application de la prophétie. Déclarer que les enseignants hérétiques étaient eux-mêmes des antichrists, c'était détourner l'attention de l'Église de l'opposition extérieure vers la déloyauté intérieure comme étant le plus grand péril. Et l'identification n'est pas énoncée uniquement dans cet avertissement général, mais pleinement développée et défendue dans deux paragraphes élaborés de la « parole d'exhortation » (1 Jean ii. 18-29 ; iv. 1-6). Quand, par conséquent, nous trouvons Polycarpe dans sa lettre (110-171) adoptant tranquillement l'idée, presque comme une chose comprise, déclarant « Car quiconque ne confessera pas que Jésus-Christ est venu dans la chair est l'antichrist » (7. 1), il devient presque certain qu'il avait lu 1er Jean. [27]

L'avertissement de notre ancien « à l'Église » (peut-être plus particulièrement à son corps dirigeant) est de se méfier de ces trompeurs ; pas pour les recevoir, ni même pour les saluer, parce qu'ils « avancent » (sont « progressistes ») et ne « demeurent pas dans l'enseignement du Christ ». Demeurer dans cet « enseignement » est la seule sauvegarde de l'Église.

Si nous nous tournons ensuite vers l'épître plus générale connue sous le nom de 1er Jean, l'absence de toute suscription est plus que contrebalancée par les déclarations complètes et explicites de l'auteur concernant le motif et l'occasion. L'épître était certainement destinée à être lue devant des congrégations entières. D'une partie au moins, l'auteur lui-même dit qu'il a été « écrit à propos d'eux qui pourraient vous égarer » (ii. 26). La comparaison de la dénonciation complète avec ce que nous savons du Doketisme à partir de ses propres écrits, tels que les soi-disant *Actes de Jean* (*c.* 175), montre très clairement de quel type d'hérésie il s'agit. De plus, nous avons les épîtres d'Ignace, écrites à ces mêmes églises mais quelques années plus tard, et les descriptions détaillées du Dokétiste Cerinthe et de ses doctrines données par Irénée , ainsi que la déclaration explicite que les écrits de Jean étaient dirigés contre ce même Cerinthe. .

Pourtant, 1er Jean est bien plus qu'une simple polémique. L'auteur écrit à ceux « qui croient au nom du Fils de Dieu, afin qu'ils sachent qu'ils ont la vie éternelle » (v. 13). C'est certainement le résultat du séjour conscient de l'Esprit de Jésus. Cela ne se manifeste cependant pas par des paroles vantardises quant à l'illumination, à la perspicacité et à la connaissance, mais par une obéissance pratique au seul nouveau commandement ; car « Dieu est amour, et celui qui *aime* (et non celui qui a *la gnose*) est engendré de Dieu et connaît Dieu ». Ce témoignage intérieur de l'Esprit est un don, ou (pour reprendre le terme de notre auteur) une « onction » (*c'est -à-dire* un « baptême ») dont l'essence dépasse autant l'idéal grec de sagesse, d'un côté, car elle dépasse l'idéal juif des pouvoirs miraculeux de l'autre. C'est un esprit d'amour ministériel correspondant et émanant de la nature de Dieu lui-même. C'est « l'enseignement du Christ » dans lequel seul il est sûr de « demeurer ».

Mais encore une fois , en ce qui concerne la tradition historique de l'Église, notre auteur n'est pas moins catégorique. Il valorise le récit d'une expérience réelle, réelle et tangible de cette vie manifestée de Dieu dans l'homme. Les « progressistes » peuvent répudier le simple Jésus de « chair », en faveur de celui qui vient uniquement par l'eau (*c'est- à-dire* par l'effusion de l'Esprit dans le baptême), et non par le sang de la croix. Car la doctrine de la croix était une pierre d'achoppement particulière pour les Doketistes , qui rejetaient le sacrement du pain et du vin. [28] L'envoi réel du Fils unique de Dieu dans le monde, la véritable « propitiation » pour nos péchés (si légèrement niée par les illuminati), est un point vital pour l'écrivain. Les péchés « du monde entier » ont été expiés dans le sang de Jésus versé au Calvaire. L'Église possède donc, dans cette histoire, un témoignage de faits d'une importance infinie pour le monde. Les Doketistes jouent vite et librement avec ce récit du Jésus historique. Ils nient toute valeur à la « chair » dans laquelle l' æon Christ avait simplement abrité comme son « réceptacle » entre la période du baptême et de l'ascension – événement qu'ils datent *d'avant* la mort sur la croix. [29] Ils se heurtent ici à une récusation et à une déclaration péremptoires. L'expérience du contact avec Jésus terrestre, que l'Église chérit comme son trésor le plus inestimable, est l'assurance, et la seule assurance que nous ayons, d'une réelle communion avec le Père ; car « la vie, la vie éternelle » de Dieu dans l'homme, le Logos — pour emprunter franchement l'expression stoïcienne — est connue non pas par de simples rêves mystiques, mais par le récit historique de ceux qui ont personnellement connu le vrai Jésus. En bref, la manifestation de Dieu est objective et historique, et pas seulement intérieure et consciente d'elle-même ; et cette manifestation extérieure et objective peut être résumée dans ce que nous, la fraternité chrétienne, avons vu et connu de Jésus.

C'est lorsque nous abordons le Quatrième Évangile à travers l'adaptation par son propre auteur de son message aux conditions qui l'entourent que nous commençons à l'apprécier historiquement et à sa vraie valeur. L'esprit de polémique est encore prédominant dans 1 Jean, mais l'Évangile ne montre l'effet de l'opposition que dans l'énoncé plus minutieux du sens exact de l'évangéliste. Il s'agit d'un traité théologique, une interprétation de la doctrine de la personne du Christ, écrit pour que les lecteurs « puissent croire que Jésus est le Christ, le Fils de Dieu, et qu'en croyant, ils puissent avoir la vie en son nom » (xx. 31). À une époque si acharnée à vérifier les faits historiques concernant la vie de Jésus et la véritable séquence des événements (Luc 1. 1-4), il est insupposable qu'un auteur si acharné à défendre la réalité concrète de la tradition historique de l'Église puisse pas donner de véritable histoire dans la mesure où il le pouvait. Il ne pouvait pas se permettre de le déprécier face au mythe, à la fantaisie et au mépris dokétiques pour un « Christ incarné ». L'idée qu'un tel écrivain puisse délibérément préférer la fiction à la réalité est très improbable ; dix fois plus s'il était le seul représentant survivant des douze, disciple galiléen encore plus intime que Pierre avec Jésus dès le début. Mais la véritable histoire n'était plus accessible. L'auteur du quatrième évangile ne rapporte aucun événement qu'il ne considère de bonne foi comme un fait. Pourtant, il doit ressortir de sa propre déclaration de son objectif ainsi que de la structure même du livre qu'il ne vise pas à être un historien, mais un interprète de la doctrine. Il vise à donner non pas *des faits* mais *la vérité*. Et sa manière de traiter les faits (supposés) a la liberté que nous devrions attendre d'un professeur d'église de cette époque et de l'école de Paul le mystique. Les sept « signes » progressifs qu'il raconte, culminant avec la résurrection de Lazare, sont manifestement (xx. 31) des sélections illustratives d'une multitude de récits de miracles actuels, visant à produire cette foi en Jésus en tant que Fils de Dieu qui en résultera. dans "la vie", *je . e.* la vie éternelle qui consiste en son séjour (1 Jean v. 20). Ils ne sont pas décrits comme des actes de pitié, émanant de quelqu'un auprès duquel la puissance de Dieu s'est trouvée présente pour guérir. Jésus ne cède pas comme dans les Synoptiques lorsque la compassion pour un besoin confiant l'emporte sur la réticence à accroître l'importunité qui interférait avec sa mission supérieure. Leur objectif premier est de « manifester la gloire » du Logos incarné, et Jésus ne les accomplit que quand et comme il le souhaite. La pitié et l'affection naturelle sont presque piétinées afin que cette « manifestation de sa gloire » puisse être rendue plus efficace (ii. 4 ; iv. 48 ; ix. 3 ; xi. 4-6, 15). Comme chez Paul, il n'y a pas d'exorcisme. Ce miracle le plus typique et le plus caractéristique de l'histoire pétrinienne (Marc III, 15 ; Actes X, 88) a disparu. Ou plutôt (comme chez Paul) le fait d'avoir chassé Satan de sa domination sur le monde entier l'a transcendé et remplacé (Jean XII, 31-33 ; *cf.* Col. II, 15). Chez Jean, les demandes de miracle, que ce soit dans la foi ou l'incrédulité, sont toujours réprimandées (ii. 4 ; iv. 48 ; vi. 30-36 ; vii. 4-7 ; xi. 3-15). Jésus les offre et les travaille quand « son heure » vient, qu'ils soient demandés ou non (v. 6-9 ; vi. 6 ; ix. 1-7). Sa réserve n'est pas due à une limitation du pouvoir tout-puissant ; car le pouvoir est déclaré explicitement lui appartenir, *de plein droit* (v. 21 ; xi. 22, 25, 42). Il le restreint seulement afin que la foi puisse reposer sur la conviction de la vérité plutôt que sur un simple émerveillement (ii. 23-25 ; iii. 2 *s.* ; iv. 39-42, 48 ; vi. 29-46 ; xiv. 11). Il est, en bref, un être omniscient (i . 47-50 ; ii. 25), être omnipotent, séjournant temporairement sur la terre (iii. 13 ; xvi. 28).

Le dialogue entrelacé avec ces sept signes est étroitement lié à eux. Il ne s'agit pas de répéter des paroles connues, mais de suivre cette forme littéraire qui, depuis Platon, était le modèle classique pour présenter les thèmes de la philosophie. Le sujet n'est plus, comme dans les Synoptiques, la justice exigée par Dieu, la nature et la venue du Royaume, le devoir envers Dieu et l'homme. C'est la personne et la fonction de l'orateur lui-même. Au lieu des paraboles, nous avons des allégories : « sept 'Je suis ' » de Jésus, en débat avec « les Juifs » sur la doctrine de sa propre personne en tant que Fils de Dieu.

Cette uniformité de sujet correspond à une absence totale de toute tentative de différencier dans le style les déclarations de Jésus, ou du Baptiste, ou de l'évangéliste lui-même, dans l'Évangile ou les Épîtres. Si l'écrivain l'avait désiré, il est certain qu'il aurait pu recueillir les paroles de Jésus et leur donner une forme semblable à celles de Matthieu et de Luc. Il n'essaye pas. Le seul moyen qu'il emploie pour suggérer une distinction est une ambiguïté oraculaire d'abord mal comprise, et qui nécessite donc un déploiement progressif. Le thème principal est souvent introduit par un « En vérité, en vérité » particulier et solennel.

Comme pour les « signes », le sentiment synoptique persistant de progrès et de proportion a disparu. Dès le début, Jean -Baptiste proclame à ses disciples que son propre baptême n'a aucune valeur en soi. Il ne s'agit pas « d'une repentance menant à la rémission des péchés ». C'est *seulement* pour rendre le Christ « manifeste » (i . 19-34). Seule l'expiation du Christ enlèvera le péché (i . 29), seul le baptême du Christ apportera une véritable aide (i . 34). Jésus aussi se proclame d'emblée Christ, au sens plein paulinien du terme (i . 45-51; iv. 26, etc.). Il choisit Judas dans le but exprès de la trahison, et s'en prend aux agents réticents de son destin (vi. 70 *s.* ; xiii. 26 *s.* ; xviii. 4-8 ; xix. 8-11).

Tout cela, et bien d'autres encore que nous n'avons pas besoin de citer, n'a guère la prétention de faire partie de l'histoire. C'est franchement de la théologie, ou plutôt de l'apologétique. Nous avons pour cadre l'esquisse générale de Marc, un ministère galiléen et judéen (chh . i .-xii.; xiii.-xx.), avec des traces d'un voyage péréen (vii. 1 *ff.*). Ce schéma, cependant, est brisé par un autre basé sur le système festif mosaïque, Jésus montrant dans chaque cas, lors de sa visite à Jérusalem, le symbolisme supérieur du cérémonial (ii. 13 ff. Pâque ; *v* . 1 *ff.* Pentecôte ; vii. 1 *ff.* Tabernacles ; x. 22 *ff.* Dédicace ; xii. 1 *ff.* Pâque). Il y a en chh . je .-iv. un « enseignement des baptêmes » et de la dotation de l'Esprit correspondant à peu près à Marc I . 1-45. Il y a au ch. v. un enseignement de l'autorité de Jésus contre Moïse et la Loi, correspondant à Marc ii. 1-iii. 6. Il existe un enseignement sur la « fraction du pain » correspondant à Marc VI. 30—viii. 26 dans Jean VI., bien que ce dernier ait été lié non seulement au banquet de la fraternité (« fête d'amour ») comme dans Marc, mais anticipe et remplace l'enseignement quant à l'Eucharistie (cf. Jean VI . 52- 59 avec Jean XIII.). Il existe une Commission des Douze comme Matt. X. 16-42, bien que placé (avec Luc xxii. 35-38) comme deuxième envoi la nuit de la trahison (xiii. 31-xviii. 26). Il existe une dépendance à l'histoire de Petrine et, dans une certaine mesure, aux dictons de Matthæan . En particulier Jean XII. 1-7 combine les données de Marc XIV. 3-9 avec ceux de Luc VII. 36-50 ; X. 38-42 dans un composé curieux, ce qui garantit que l'évangéliste a employé ces deux-là - et Matthieu aussi, si XII. 8 être authentique (on ne le trouve pas en syriaque ancien). Mais nos Évangiles synoptiques ne sont pas les seules sources, et le matériel emprunté est traité avec une souveraine supériorité. En bref, comme l'ont reconnu même les pères de l'Église, cet Évangile est d'un type nouveau. Il vise effectivement à « compléter » les autres, comme ils l'ont reconnu ; mais pas comme un récit peut en reconstituer et en compléter un autre. Plutôt comme l'invisible et le spirituel complètent l'extérieur et le visible. Cet Évangile utilise les formes établies de récits et de paroles miraculeuses ; mais il transforme l'un en symbole, l'autre en dialogue et en allégorie. Ensuite, en utilisant ce matériel (complété de sources inconnues, peut-être orales), il construit une série d'interprétations de la personne et de l'œuvre de l'homme-Dieu.

Il nous reste encore à parler d'un trait particulièrement distinctif. Où le lecteur a particulièrement besoin d'un interprète pour attester et interpréter un fait particulièrement vital, comme les scènes de la nuit de la trahison, ou la réalité de la mort propitiatoire de Jésus (niée par les doketistes), ou le début de la résurrection Dans la foi, le témoignage de Pierre est complété et transcendé par celui d'un personnage jusqu'alors inconnu, qui anticipe tout ce que Pierre n'atteint que lentement. Il s'agit du mystérieux « disciple que Jésus aimait » (xiii. 23 *ss.* ; xviii. 15 *s.* ; xix. 25-37 ; xx. 1-10 ; cf. Gal. xx. 20 ; *cf.* Gal. xx. 20), un Paul présent dans l'esprit, pour voir les choses avec l'œil de la perspicacité spirituelle. Il n'y a pas de scène de transfiguration ni de prière de Gethsémani dans cet Évangile. La transfiguration est inutile là où la gloire brille sans interruption tout au long de la carrière. La prière elle-même est impossible là où l'unité avec la Tête divine rend inconcevable la différence de pensée ou de but. C'est pourquoi les prières de Jésus sont souvent uniquement « pour le bien de ceux qui sont là » (xi. 41 *s.*). Il en va de même pour la Voix du ciel sur la scène qui remplace la Transfiguration et Gethsémané en un seul (XII, 27-33). Jésus ne demandera pas la délivrance à partir de cette heure-là, car il la cherchait depuis le début. Sa prière est "Père, glorifie ton nom". La Voix, que certains prennent pour un ange qui lui parle (*cf.* Luc ix. 35; xxii. 43), est pour le bien des spectateurs. De même, la Voix lors de son baptême ne s'adresse pas à lui (le Logos incarné n'a pas besoin d'une révélation de sa propre identité) mais au Baptiste.

Ainsi, encore et encore, les scènes synoptiques sont retouchées et de nouvelles scènes sont ajoutées de manière à présenter une image cohérente du « tabernacle » du Fils de Dieu préexistant dans la chair humaine. Alors que nous passons en revue l'ensemble et nous demandons : quelle est l'occasion de cette étrange nouvelle présentation du message évangélique ? nous commençons à comprendre combien est indispensable la clé que l'évangéliste a lui-même accrochée devant la porte. Les problèmes auxquels nous sommes confrontés à mesure que nous avançons dans cet enchevêtrement d'anecdotes, de dialogues et d'allégories sont nombreux et complexes. Il y a place pour un examen critique minutieux afin de déterminer, si possible, quand, comment et à partir de quelles sources ces méditations ont été élaborées. Mais rien de ce que la perspicacité critique, l'analyse et la comparaison peuvent fournir ne sert autant à jeter une véritable lumière sur l'œuvre que ce que l'évangéliste lui-même a fait, en exposant dans un prologue (i. 1-18) les principes fondamentaux de sa conception.

En un mot, la tradition évangélique, telle qu'elle avait jusqu'ici trouvé cours, manquait encore de l'élément fondamental de la christologie de Paul : la doctrine de l'Incarnation. Paul a conçu l'histoire de Jésus comme un drame divin, commençant et se terminant au ciel, à la droite de Dieu. Même Matthieu et Luc, ramenant l'adoption filiale depuis le baptême jusqu'à la naissance de Jésus, n'avaient pas fondamentalement changé le point de vue pré-paulinien. Pourtant, il n'y avait pas de préexistence. Jésus n'était pas encore montré comme la Sagesse de Dieu, par qui toutes choses ont été créées, « l'homme céleste », le deuxième Adam, prenant sur lui la forme d'un serviteur, s'humiliant et devenant obéissant jusqu'à la mort, riche et pour notre les sakés deviennent pauvres. Il était encore, même en Marc, juste le prophète puissant en actes et en paroles, suscité par Dieu parmi ses frères et, pour son obéissance, exalté jusqu'au trône messianique de gloire. Comment cela *pourrait-il* satisfaire les églises formées à la doctrine de Paul ? Nous devrions presque nous étonner que les récits synoptiques aient jamais trouvé place, là où Paul avait prêché dès le début une doctrine du Christ éternel.

Et la transformation n'est pas du tout plus radicale que ce à quoi nous devrions nous attendre. L'histoire de la Transfiguration avait été une tentative hésitante d'incarner la doctrine paulinienne dans l'histoire pétrinienne. Mais en dehors de l'emprise évidente accordée au simple Doketisme , combien inadéquate à la conception de Paul de « l'Homme du ciel » ! Le Quatrième évangéliste dépeint la personne de Jésus de manière cohérente et continue, malgré son matériel maigre et réfractaire, dans la lignée de la christologie paulinienne. Il n'y a aucune concession au doketisme , car malgré tout et à dessein (iv. 6 ; xix. 28, 34), Jésus n'est toujours pas un fantasme, mais un véritable homme parmi les hommes. Il n'y a aucune hésitation à outrepasser, lorsque cela est nécessaire, sur des points vitaux l'autorité grande et croissante de la tradition « apostolique ». Tacitement, mais sans compromis, la tradition pétrinienne est mise de côté. Le « disciple que Jésus aimait » voit les choses autrement. En particulier, l'eschatologie apocalyptique est fermement réprimée au profit d'une doctrine de la vie éternelle dans l'Esprit. La Seconde Venue ne doit pas être une manifestation « au monde ». Ce sera une demeure intérieure de Dieu et du Christ dans le cœur du croyant (xiv. 22 *s.*). [30] Le lieu de la récompense future n'est pas une Palestine glorifiée et une Jérusalem transfigurée et reconstruite. Le disciple, comme Paul, « partira pour être avec

Christ ». La maison du Père est plus large que la Terre Sainte. Elle a « plusieurs demeures », et le serviteur doit être content de savoir que son Maître le recevra là où il habite lui-même (XIV. 1-3 ; XVII. 24).

Pour comprendre ce que signifiait produire l'Évangile « spirituel » qui nous vient d'Éphèse peu après la fin du premier siècle, nous devons nous placer côte à côte avec des hommes qui avaient appris l'Évangile de Paul sur Jésus, le drame de l' *éternité* . , préexistant, « l'Homme céleste », incarné, triomphant par la croix du Prince de ce monde et des puissances des ténèbres. Nous devons comprendre à quel point ils ont jugé nécessaire d'imprégner le matériel « apostolique » de la tradition pétrinienne et matthæenne de cette signification plus profonde, en préservant le fait concret, historique et la véritable virilité, tout en complétant l'histoire disproportionnée extérieure avec une richesse de signification transcendantale. . L'esprit de Paul n'était en effet pas mort. Ni l'hérésie gnostique n'a pu la dissiper, ni le légalisme réactionnaire christianisé l'absorber. Il avait renaît avec une autorité et une puissance splendides. Avec le temps, elle deviendra le moule même de la doctrine « catholique ». Le Quatrième Évangile, comme son Prologue le prévient, est une application à l'histoire de Jésus telle que la tradition la rapporte de la doctrine paulinienne de l'incarnation formulée selon la théorie stoïcienne du Logos. Il s'agit d'une étude de psychologie de la religion appliquée à la personne du Christ. Pauvre comme Paul lui-même dans la connaissance de Jésus extérieur, peu familier avec les paroles et les actes véritablement historiques, sa doctrine *sur* Jésus devint néanmoins, comme celle du grand Apôtre des Gentils, l'exposition la plus vraie du « cœur du Christ   ».

CHAPITRE X

ÉPILOGUES ET CONCLUSIONS

Rares sont les grands écrits chéris et transmis par l'Église primitive qui ont échappé à la tendance naturelle aux attachements au début et à la fin. Plus tard, ces attachements prirent la forme d' *argumenta préfixés* , *c'est-à-dire . e.* descriptions préliminaires de l'auteur et du contenu, et *abonnements apposés* , consacrés à un but similaire. Ceux-ci, comme les titres, étaient clairement distincts du texte lui-même et, dans les éditions modernes, ne sont généralement pas imprimés, bien que des exemples de « souscriptions » puissent être vus dans la version King James après les épîtres pauliniennes. Avant l'époque où la canonisation avait fait paraître un tel processus comme un sacrilège , ils étaient attachés au texte lui-même, avec plus ou moins de tentatives pour souder les parties ensemble. Nous n'avons pas besoin d'ajouter à ce qui a déjà été dit à propos de certaines suscriptions de la littérature épistolaire ultérieure, telles que James et Jude, où le rapport au texte nous semble plus étroit qu'on ne l'admet parfois ; nous n'avons pas non plus besoin de tarder avec le préambule de l'Apocalypse (Apocalypse 1-3). Ce qui a été ajouté à la fin, dans les cas où il existe des preuves réelles d'un tel supplément ultérieur, revêt une importance particulière pour notre étude, dans la mesure où il tend à projeter la lumière là où la lumière est le plus nécessaire. Car il s'agit d'une période obscure, au début du deuxième siècle, où non seulement les Églises elles-mêmes se rassemblaient vers l'unité catholique sous la double pression du péril intérieur et extérieur, mais qu'elles apportaient avec elles leurs précieux écrits, parfois un recueil d'épîtres, tantôt un Évangile, ou un livre de Prophétie, tantôt, comme dans les groupes d'écrits attribués à Jean et Pierre, un canon complet de l'Évangile, des Épîtres et de l'Apocalypse, suivi peu plus tard également des « Actes ».

La liste la plus ancienne de livres autorisés à être lus publiquement que nous possédons est celle de l'église de Rome *c.* 185, appelé d'après son découvreur le Canon de Muratori . De ce fragment, mutilé au début et à la fin, nous apprenons que les lettres de Paul aux églises étaient disposées en groupe de sept [31] parmi lesquelles les Romains se trouvaient en dernier. C'est probablement en raison de sa position à la fin que l'épître aux Romains a été complétée par l'ajout de fragments pauliniens, qui n'apparaissaient pas dans certaines premières éditions du texte. La lettre proprement dite se termine par ch. XV. bien que XVI. 21-23 ont probablement suivi, se terminant peut-être par le ver. 24, que certains textes insèrent après le ver. 19. Ver. 25-27 est un autre fragment omis dans certains textes.

Nous avons vu plus haut (p. 200) comment la Révélation a reçu conclusion après conclusion, de sorte que la relation des personnalités est devenue presque inintelligible. Nous avons très peu de matériel textuel pour l'Apocalypse et pouvons à peine juger si l'un des processus représentés dans Apocalypse XXII. 6-21 appartient à la période de transmission, après la publication du livre sous sa forme actuelle. Jusqu'à la découverte de nouvelles preuves textuelles , les phénomènes de l'Apocalypse doivent être traités selon les principes de la critique supérieure, en ce qui concerne leur histoire avant la publication. Quoi qu'il en soit, nous savons que l'attribution à « Jean » (ver. 8 *s.*) était courante dès *les Apologies de Justin* (153).

Les suppléments plus longs et plus courts de Mark appartiennent à nouveau au domaine de la critique textuelle. Les manuscrits et les premières traductions nous ramènent à une époque où aucune des fins n'était connue ; mais c'est seulement pour nous laisser nous demander comment est née la nécessité de les composer - une question de la plus haute critique. Marc XVI. 9-20 montre une connaissance de Luc, et probablement de Jean xx. Il convient cependant de noter, compte tenu de la tentative de l'auteur de couvrir les apparitions de résurrection de ces deux évangiles, qu'il ne trahit aucun signe de connaissance avec Jean. XXI. Cependant, dans le cas de l'Évangile romain, les preuves textuelles nous permettent de retracer quelque chose de l'histoire de la supplémentation. La fin dite « plus courte » conclut l'histoire incomplète, ressemblant à Matthieu, tandis que la fin « plus longue » est tirée de Luc et Jean. je .-xx. Les emplois ultérieurs montrent que la terminaison « Plus longue » avait été attachée (peut-être à Rome) au plus tard vers *c.* 150. C'est la première preuve que nous avons d'une combinaison du Quatrième Évangile avec les Synoptiques ; car même Justin, bien *qu'affecté* par Jean, ne l' *utilise pas* comme il utilise Matthieu, Marc et Luc. La parité entre les quatre n'est pas traçable avant Tatien (*vers* 175), le père des « harmonies » évangéliques. La terminaison « plus courte », sinon la fin plus longue, semblerait avoir été ajoutée en Égypte. Les suppléments à Marc ont ceci au moins d'un intérêt singulier, c'est qu'ils montrent le progrès d'un processus dont nous avons retracé les débuts en Palestine elle-même dans l'église des « apôtres, anciens et témoins du Seigneur », où « l'Ancien » dans la tradition rapportée par Papias propose déjà des explications sur les désaccords de Matthieu et Marc en vue de leur circulation concurrente.

Après l'ajout de Marc à Matthieu, il fut relativement facile de prendre Luc-Actes comme troisième et de former des composés à partir des trois, tels que l' *Évangile de Pierre* (Syrie du Nord , *vers* 130) et l' *Évangile des Nazaréens* (Coele -Syrie *vers* 140). Justin à Rome (*c.* 153) est toujours un tel homme des trois évangiles, bien qu'affecté par le Quatrième ; tandis que son prédécesseur Hermas (125-140) semble s'appuyer sur Marc seul, bien qu'il connaisse peut-être Matthieu. Le pas était plus difficile à franchir dans le quatrième évangile.

Tatien à Rome (*vers* 175) et Théophile à Antioche (181) sont les agents de son accomplissement ; et, comme nous l'avons vu, cela ne se fit pas sans une opposition déterminée, dirigée à Rome par le prêtre Gaius, à laquelle répondirent Irénée (*c.* 186) et Hippolyte (*c.* 215). Une telle opposition de la part des partisans de l'apostolicité pétrinienne est anticipée dans le plus significatif et le plus important de tous les épilogues, ce qu'on appelle l'Appendice ou Épilogue du Quatrième Évangile (Jean XXI.).

Le moment et l'endroit précis où ce supplément a été ajouté constituent l'un des problèmes les plus difficiles de la haute critique. Du côté des preuves externes , nous avons le fait que cela ne montre aucun effet dans Marc XVI. 9-21, où Jean xx. est employé, et qu'il y a un grand changement vers 170 APRÈS JC dans le traitement de cet Évangile et de ses épîtres associées, ceux qui les utilisent avant cette époque ne montrant aucune disposition à les traiter comme ayant une haute autorité apostolique. Du côté des preuves internes, il existe des données telles que l'utilisation du nom du deuxième siècle pour la mer de Galilée (« Mer de Tibériade », XXI. 1) et des références au martyre de Pierre à Rome (Xxi. 18 f . .) et aux légendes de Jean comme « témoin » qui devrait survivre jusqu'à la Venue (xxi. 23). Que ces données suggèrent une origine à Éphèse ou à Rome, et à quelle date, constituent des problèmes pour la recherche technique. Ce qui nous intéresse le plus est le motif et la fonction de ce supplément à l'Évangile d'Éphèse, et la lumière qu'il jette sur la situation de l'Église dans son ensemble.

Il est bien évident que Jean XXI. forme un attachement ultérieur après la conclusion formelle de l'Évangile proprement dit au xx. 30f . Car, outre les différences de style et de point de vue doctrinal, il marque un tout nouveau départ dans la lignée du récit de Marc sur les manifestations de la résurrection galiléenne ; tandis que l'Évangile suit le type de Lukan et met tout fin sans déplacement de Jérusalem. Le message adressé aux disciples par les femmes au sépulcre est ici donné par Jésus en personne comme dans Matth. xxviii. 10, et est en fait livré comme dans Luc xxiv. 10f . Elle est suivie par la manifestation promise aux disciples avec le dépassement de leur incrédulité, et par la grande Commission, accompagnée du Don de l'Esprit. L'histoire est ainsi amenée à une conclusion formelle, conclusion invariable et nécessaire de tout récit évangélique. La récapitulation par l'auteur de la nature et du contenu de son livre et l'assurance, adressée directement au lecteur, de son objectif en écrivant (« que *vous* puissiez croire ») s'ensuit de manière appropriée comme une conclusion de l'ensemble. Il n'est pas concevable que le même écrivain reprenne immédiatement après cela, à un moment plus précoce du récit, où les disciples sont encore dispersés en Galilée, inconscients de leur vocation et de leur mission. Car malgré les efforts du supplémenteur du ver. 14 pour faire comprendre que c'est « la troisième [32] fois que Jésus s'est manifesté », ils sont manifestement retournés à leurs moyens de subsistance d'origine , non éveillés à la foi de la résurrection. De plus, l'histoire culmine avec la restauration de Pierre en faveur , avec une référence indubitable à son humiliant échec à tenir sa promesse (XIII. 36-38) : « Seigneur, pourquoi ne puis-je pas te suivre même maintenant ? Je donnerai ma vie. pour toi » (*cf.* XXI. 15-19). Si l'évangéliste avait eu l'intention de dire cela, il l'aurait dit devant la Commission en xx. 19-23. En bref, nous avons ici deux formes très variées de la tradition selon laquelle les disciples sont tirés de leur incrédulité par le Christ ressuscité et confiés à leur tâche. Les deux commissions, l'une une commission générale de tous « les douze », comme Matt. XVIII. 18, l'autre une commission spéciale de Pierre comme Matt. XVI. 19, sont attachés l'un après l'autre, avec la curieuse infélicité que la restauration de Pierre de sa défection, ainsi que son installation comme chef sous-berger du troupeau, surviennent après la commission dans laquelle il a déjà comparu avec les autres, *restaurés* . à la pleine foi et à la faveur , et doté de l'inspiration et de l'autorité de l'Esprit.

Il est vrai que la fonction de « paître du troupeau de Dieu » (*cf.* 1 Pierre. v. 2) a été confiée à Pierre au XXI. 15-19 est plus spécial que l'apostolat conféré à tous en xx. 21-23 ; mais l'Épilogue a précédemment (xxi. 1-14) donné à Pierre un rôle spécial et dominant dans l'apostolat (extension de l'Évangile au monde). Personne ne mettra en doute que chez un écrivain tel que le Quatrième évangéliste (et, plus encore, l'auteur de l'Épilogue), les récits de miracles sont censés avoir un sens symbolique. Il ne sera pas non plus nié que la pêche miraculeuse qui, dans Luc v. 1-11, accompagne la vocation originelle de « Simon » [33] , est ici appliquée au travail que les douze doivent accomplir dans le futur qui s'ouvre à présent, comme « pêcheurs d'hommes. » La particularité du nombre de poissons et l'affirmation selon laquelle le péril de déchirement du filet (*cf.* Luc v. 6) a été heureusement évité sont, bien entendu, également destinées à transmettre un sens symbolique, que Jérôme continue de répéter. plus facile à comprendre en nous informant que 153 était considéré par les naturalistes de l'époque comme le nombre total de toutes les espèces de poissons. Jean XXI. 1-14 est donc une histoire primitive de l'apparition de Jésus après sa résurrection « à Pierre et à ceux qui étaient avec lui », en Galilée (et non à Jérusalem comme dans Jean I.-XX. et Luc), ayant un rapport avec Luc . v. 1-11, et probablement aussi à Matt. XIV. 28-33 (*cf.* Jean XXI. 7). Cela ressemble aussi beaucoup au fragment qui se trouve à la fin de l' *Évangile de Pierre* . Il symbolise l'œuvre de la mission apostolique sous la figure de la pêche des hommes (*cf.* Marc I. 17 ; Mat. XIII. 47-50), et donne à Pierre le rôle principal. En fait, non seulement Pierre vient au Seigneur avant tous les autres, et entretient seul avec lui quelque chose qui ressemble aux relations intimes du passé, mais il accomplit, après son entretien privé avec Jésus, le tour de force gigantesque d'amener sans aide à terre toute la prise miraculeuse. . La multitude nombreuse et variée, que tous travaillant en commun, avaient enfermée dans le filet, mais n'avait pas pu monter dans la barque, Pierre, sur la parole de Jésus, les ramena sains et saufs à la maison. L'écrivain qui emploie ainsi les symboles déjà conventionnels de l'imagerie ecclésiastique n'avait sûrement pas une mauvaise idée de l'apostolat de Pierre. À un degré au moins aussi élevé que l'auteur des Actes, il conçoit Pierre comme étant chargé, dans un sens particulier, d'être le grand directeur et le chef de toute l'activité missionnaire, auprès des Gentils comme des Juifs (Actes XV. 7), et d'avoir été le sauveur de l'unité de l'Église à l'heure de sa menace de rupture. Lorsqu'en outre il est investi par Jésus de l'insigne et de la fonction de sous-berger en chef du troupeau de Dieu, la tache de son triple reniement effacée par une triple occasion de prouver son amour particulier par un service spécial, et l'ignominie de son l'échec antérieur à "suivre" (XIII, 36-38) expié par la promesse que dans la vieillesse il aura la possibilité de suivre Jésus dans le martyre (Xxi, 18 s.) , il ne reste rien que l'ami le plus exigeant des « catholiques » " pourrait exiger l'apostolicité en guise d'hommage à son grand représentant.

Et pourtant l'objet principal de l'Épilogue n'a pas encore été touché. Il n'a pas été écrit, nous pouvons en être sûrs, simplement pour glorifier Pierre ; bien qu'il soit, bien entendu, inimaginable que l'Évangile, dans sa forme primitive, ait simplement laissé Pierre dans l'attitude d'un renégat après XVIII. 27, pour réapparaître comme si de rien n'était en xx. 1 *et suiv.* [34] Il rend hommage à Pierre en tant que principal témoin de la résurrection, apôtre en chef, sauveur en chef de l'unité de l'Église, sous-berger en chef du troupeau de Dieu, dans l'intérêt de cette unité apostolique catholique que tous les hommes d'Église étaient si sérieusement travaillé à l'époque de l'écrivain, et pour lequel le nom de Pierre était de plus en plus significatif. Mais l'objet principal de l'épilogue est autre chose. Il a été écrit avant tout pour saluer et faire place à une autre autorité, l'autorité de l'Évangile à laquelle il est annexé, et qui oppose à plusieurs reprises à Pierre un mystérieux personnage sans nom, qui voit toujours quand Pierre est aveugle, croit quand Pierre est incrédule, est fidèle quand Pierre et tous les autres ont fui dans une lâche désertion. L'objet de l'Épilogue est de faire place, à côté de l'autorité croissante et salutaire de Pierre, à l'autorité et au message du « disciple que Jésus aimait ». Son objectif apparaît dans sa conclusion : « Celui-ci (le disciple que Jésus aimait) est le disciple qui rend témoignage de ces choses et a écrit ces choses, et nous (l'Église qui chérit et donne cet Évangile « spirituel ») savons que son le témoin est vrai. »

L'écrivain ne dit pas explicitement qu'il parle de l'apôtre Jean (réputé à Éphèse comme l'auteur de l'Apocalypse) ; car une telle identification directe pourrait bien mettre en danger son propre objet. Mais il montre clairement de deux manières que John est réellement destiné, comme d'ailleurs les auteurs ultérieurs le déduisent immédiatement. [35] (1) « Les fils de Zébédée » sont introduits pour la première fois dans tout l'ouvrage au XXI. 2, parmi le groupe présent avec Pierre. Un processus facile d'élimination [36] laisse donc la possibilité d'être identifié comme « le disciple que Jésus aimait » (v. 7) uniquement Jean, ou bien l'un des deux « autres disciples » anonymes, qui pouvaient difficilement être comptés parmi Jésus. ' les intimes les plus proches.

(2) La scène de la prédiction du martyre de Pierre (xxi. 18 *s.*) est immédiatement suivie (v. 20-23) d'une référence aux traditions dont nous savons qu'elles étaient en vigueur avant la fin du premier siècle concernant le martyre. des deux fils de Zébédée, en particulier concernant Jean. Pierre au XXI. 21 soulève la question du *sort* du « disciple que Jésus aimait » (littéralement « et quant à cet homme, quoi ? »). Le commandement prégnant de Jésus à Pierre : « Suis-moi » est clairement destiné à faire référence au martyre (*cf.* xiii, 36 *s.*), et il est obéi par « le disciple que Jésus aimait » ainsi que par Pierre. La question de Pierre et la réponse du Seigneur avaient fait croire « parmi les frères » que ce disciple « attendrait » jusqu'à la Venue. Or, c'est à propos de Jean, fils de Zébédée, et de lui seulement, que nous avons une curieuse hésitation de l'ancienne tradition entre la croyance en son martyre au même sens que son frère Jacques (Marc X. 39), et une croyance (probablement basée sur selon Marc IX, 1), qu'il demeurerait comme témoin permanent jusqu'à la Venue (« martyre blanc »). L'auteur de l'Épilogue a manifestement à l'esprit ces traditions sur le sort de Jean. Il voulait faire comprendre à ses lecteurs que l'énigmatique prophétie de Jésus ne promettait ni la survie permanente de Jean, ni sa mort violente, mais était au moins capable d'une interprétation qui plaçait Jean aux côtés de Pierre, non pas comme un rival de son leadership, ou comme un dirigeant. contrôle, mais simplement comme témoin (« martyr ») de la vérité. Pierre se voit volontiers accorder la fonction d'« ancien dirigeant » dans l'Église, si seulement « le disciple que Jésus aimait » pouvait avoir la fonction de prophète et d'enseignant « dans l'Esprit », l'homme de foi et de perspicacité, dont la fonction est pour interpréter « la pensée du Christ ».

Peu de choses pourraient être plus significatives sur les conditions de la vie et de la pensée chrétiennes dans les premières années du deuxième siècle que cet épilogue, annexé à l'Évangile « spirituel » pour le recommander à l'acceptation générale dans l'Église. Il n'est pas d'une importance vitale que l'identification prudemment suggérée du disciple bien-aimé avec Jean, le fils de Zébédée, soit correcte ou non. Il est important, pour apprécier historiquement la grande contribution littéraire des églises de Paul au christianisme « catholique » du deuxième siècle, de comprendre ce que signifiait alors la catholicité pétrinienne et comment l'Évangile spirituel paulinien est arrivé à mi-chemin. pour le rencontrer. Sur ce point, l'étude des épilogues est enrichissante, mais surtout du grand épilogue de l'Évangile de Jean.

Nous avons atteint le moment de nos propres mots de conclusion. Le processus de combinaison et de canonisation des écrits du Nouveau Testament, qui a suivi la consolidation des églises au deuxième siècle, ne relève pas de notre compétence. Nous avons seulement cherché à donner un aperçu des origines, considérant que l'élaboration du Nouveau Testament s'applique plutôt aux créations de la période de formation, lorsque l'inspiration consciente était encore dans toute sa splendeur, qu'à la période de collecte dans un canon officiel. . En examinant les deux principaux types de pensée chrétienne, paulinienne et « apostolique », l'évangile gréco-chrétien *sur* Jésus et l'évangile judéo-chrétien *de* Jésus, l'évangile de l'Esprit et l'évangile de l'autorité, nous ne pouvons échouer. réaliser combien sont profonds, larges et anciens les deux grands courants de pensée et de vie religieuse qui ici se mélangent, s'affrontent, parviennent à une nouvelle expression et à une définition plus claire. Chacun a ses diverses subdivisions et modifications, le christianisme paulinien dans le monde grec a ses problèmes de résistance à la perversion hellénistique d'un côté, et de réaction à l'autorité extérieure juive de l'autre. Le christianisme apostolique, que ce soit sous sa forme plus conservatrice à Jérusalem, ou dans une assimilation plus large à la doctrine paulinienne à Antioche et à Rome, a aussi ses courants divergents, ses étapes les plus primitives et les plus développées. La littérature, à mesure que nous l'apprécions peu à peu dans le contexte de notre époque, se révèle de plus en plus comme un index de la vie. Non pas aux simples particularités des individus, mais au grand Gulf Stream de l'instinct humain de justice sociale et de rédemption individuelle, alors qu'il avance dans son puissant courant.

La littérature du Nouveau Testament doit être comprise historiquement, si elle est comprise. Il faut l'entendre comme le produit, on pourrait presque dire le précipité, de la plus grande période de l'histoire des religions. Il représente la rencontre et l'ajustement mutuel de deux conceptions fondamentales et complémentaires de la religion. L'antithèse n'est pas seulement celle entre le particularisme du Juif et l'universalisme du Gentil. C'est une antithèse de l'idéal social de la Loi et des Prophètes contre l'idéal individuel de rédemption personnelle par l'union avec l'Esprit divin, qui était au cœur de toute pensée religieuse hellénistique vitale à cette période de l'Empire. Le christianisme tel que nous le connaissons, la religion de l'humanité telle qu'elle est devenue, la religion mondiale ultime telle que nous croyons qu'elle est destinée à devenir, est la résultante de ces deux facteurs, sémitique et aryen, l'idéal social et l'idéal individuel. Sa littérature canonisée représente la combinaison. D'un côté, l'idéal social est prédominant. Il perpétue l'évangile *de* Jésus sous la forme de la tradition matthéenne et pétrinienne, complétée par l'apocalypse, que la tradition attache conjecturalement au nom de Jean. Le but qu'elle recherche est le Royaume de Dieu, la justice et la paix sur terre comme au ciel. De l'autre côté, l'idéal individuel prédomine. Il perpétue l'évangile *de* Jésus sous la forme de la doctrine paulinienne et johannique de sa personne, considérée comme norme et type de vie spirituelle. Le but qu'il poursuit est l'immortalité personnelle par la communion morale avec Dieu. Sa foi est filiation, par participation à la nature divine, sans limitation dans le temps, sans perte d'identité individuelle. Les deux types d' évangiles ont raison de prétendre émaner de Jésus de Nazareth ; mais ni l'un ni l'autre ne peuvent prétendre représenter pleinement la signification de son esprit et de sa vie.

L'unité du Nouveau Testament est une unité dans la diversité. C'est simplement parce qu'il présente des conceptions très divergentes de ce qu'est l'Évangile qu'il promet une fécondité éternelle. Étudié non pas à la manière des scribes, qui pensent que dans leur livre de préceptes et de prophéties ils ont un passeport pour des récompenses dans un monde magique à venir, mais étudié comme une « manifestation de la vie, même de la vie éternelle » de l'Esprit. de Dieu dans l'homme, il continuera à reproduire l'esprit et la pensée du Christ. Étudié comme un reflet à diverses époques et de diverses manières de cette Sagesse rédemptrice de Dieu, qui « à chaque génération, entrant dans les âmes saintes, fait des hommes des prophètes et des amis de Dieu » (Sap. VII, 27), et que les Grecs, en le considérant, malheureusement, sous son aspect intellectuel plutôt que moral, appelé Logos de Dieu, il se révélera, comme il l'a prouvé au cours de tant de générations passées, une « graine incorruptible », une « parole de bonne nouvelle prêchée » aux monde, une « parole du Seigneur qui demeure pour toujours ."

NOTES DE BAS DE PAGE

[1] *Tarik* , je . e. « voie » est toujours le terme arabe désignant une secte, et le terme rabbinique désignant une exigence légale est *halacha* , c'est-à-dire . e. "marcher."

[2] En utilisant des noms et des titres traditionnels tels que « Luc », « Jean », « Matthieu », « Jacques », aucune hypothèse n'est faite quant à l'authenticité. La désignation est utilisée pour des raisons de commodité, quelle que soit son exactitude ou son inexactitude critique.

[3] Le Quatrième Évangile est ainsi caractérisé par Clément d'Alexandrie, c'est-à-dire qu'il avait un sens symbolique profond.

[4] Voir la note de bas de page 3

[5] Voir la note de bas de page 3

[6] Catholique est ici utilisé dans son sens étymologique de « général » ou universel. Nous aurons par la suite l'occasion d'appliquer le terme dans un sens plus limité.

[7] Ou peut-être treize. Fille. ii. On peut compter sur la conversion (31-33). Dans les deux périodes (Gal. I. 18 et II. 1), les deux extrémités sont comptées.

[8] Nous appliquons le nom à l'auteur des Actes de Luc sans préjudice de la question de la paternité.

[9] Actes XXII. 10-21 n'est pas tout à fait cohérent avec xxvi. 15-18 ; mais le sens général est clair.

[10] Le cas de Corneille (Actes X.-xi. 18) est exceptionnel, et aucune propagande ne s'ensuit. La lecture « Grecs » dans Actes xi. 20, bien qu'exigé par le sens et donc adopté par les traducteurs anglais, n'est pas étayé par la preuve textuelle. Luke a ici corrigé sa source pour l'adapter à sa théorie, tout comme dans x. 1—xi. 18, il passe par la véritable signification de l'histoire, qui traite réellement de la question du *repas* avec les Gentils (xi. 3, 7 *s.*).

[11] L'affirmation a été récemment faite dans des milieux très élevés sur la base du 1er Cor. vii. 18 que Paul a également adopté le point de vue « apostolique » selon lequel le chrétien de naissance juive reste tenu d'observer la loi. On croirait que Paul n'a pas ajouté le verset 19 !

[12] Sur la lecture des « Grecs » dans Actes xi. 20 voir note de bas de page 10

[13] Le résultat réel se voit dans la réduction du « fardeau » aux deux éléments de l'abstinence de « la fornication et des choses offertes aux idoles ». Les plus belles distinctions de Paul sous ce dernier chapitre (1er Cor. VIII. 1-13, X. 14-23) ainsi que sa distinction entre les motifs cérémoniaux et moraux de l'abstinence, ont été ignorées.

[14] Romains élargit la conception de l'économie de la Loi en y incluant la loi païenne de la « conscience » (Rom. I. 18-II. 16). Dans Galates, ce point n'est couvert qu'en classant les « anges » par l'intermédiaire desquels la loi mosaïque a été donnée, avec les « éléments » honorés dans la religion des Gentils. Tous deux sont des codes « d'intendants et de gouverneurs ».

[15] Harnack suggère très ingénieusement comme raison la mauvaise réputation encourue plus tard par Laodicée (*cf.* Rév. iii. 15 *s.*) ; comparant le ciselage des inscriptions des noms de rois impopulaires.

[16] Certaines autorités de premier rang pensent qu'il y a des preuves de dépendance littéraire dans 1er Cor. je . 18-21 sur le Dicton (Matt. xi. 25-27 = Luc. x. 21 *s.*).

[17] L' *Évangile araméen orthodoxe des Nazaréens* emprunte à Luc ainsi qu'à Matthieu, mais parle au nom de « Matthieu ». Cet apôtre était également considéré comme l'auteur de l' *Évangile selon les Hébreux* , un produit hérétique de *c.* 120, courant en grec parmi les chrétiens juifs de Palestine (Ébionites).

[18] Il était supercrit "Ce sont les ... paroles (*logoi* comme dans les épîtres pastorales, non *logia* comme dans Papias et Polycarpe) que Jésus, le Seigneur vivant, a prononcées aux disciples et à Thomas."

[19] Il convient de laisser ouverte la possibilité que le grec Matthieu ait été écrit en Égypte (cf. Matth. ii. 15), comme le prétendent certains critiques. Mais du point de vue de l'historien de l'Église, l'Égypte doit en réalité être classée parmi « les régions du sud de la Syrie ». Ses relations avec Jérusalem étaient étroites et constantes.

[20] Le parallèle dans Marc XVI. 14-18 est très instructif, mais a besoin du lien récemment découvert entre les versets 14 et 15 pour compléter le sens : « Et ils s'excusèrent (pour leur incrédulité) en disant : Ce siècle d'anarchie et d'incrédulité est sous la domination de Satan, qui, par Les moyens des esprits impurs empêchent la vérité et la puissance de Dieu d'être appréhendées. C'est pour cela que révèle ta justice (*c'est- à-dire* la justice, dans le sens d'Ésaïe lvi, 1 *b*) dès maintenant. Et Christ leur répondit : Le La limite des années de puissance de Satan est (déjà) remplie, mais d'autres choses terribles sont à portée de main ; en outre, j'ai été livré à la mort pour les pécheurs afin qu'ils puissent revenir à la vérité et ne plus pécher, afin qu'ils puissent hériter de la gloire spirituelle et incorruptible qui est dans les cieux. » Suit ensuite la mission dans le monde entier et la dotation des dons.

[21] Ainsi Irénée (186) et (implicitement) Papias. Clément d'Alexandrie (210) répond à la difficulté en alléguant que Pierre était toujours en vie, mais n'a apporté aucune aide à l'écrivain.

[22] Voir ci-dessous.

[23] Notez également comment dans Actes vi. 5, la liste des diacres-évangélistes conclut « et Nicolas *un prosélyte de Antioche* . »

[24] La mention d'Agabus, cependant, au xi. 27 *f.* n'est guère cohérent avec xiii. 1 et XXI. 10-14. Cela semble être dû à la refonte éditoriale du xi. 22-30.

[25] Voir ci-dessus, p. 104.

[26] Notez l'ajout d'un « huitième » empereur au ver. 11.

[27] Pas le 2e Jean ; car ce n'est que dans 1er Jean ii. 18 que l'ancien parle de « beaucoup d'antéchrists », identifiant chaque Doketist distinct avec la figure apocalyptique. Dans 2e Jean VII. c'est l'hérésie elle-même en tant que phénomène qui constitue *l'* Antéchrist.

[28] Dans les *Actes de Jean,* l'esprit du Christ qui résidait en Jésus vient vers Jean après qu'il s'est enfui dans une grotte sur le mont des Oliviers pour échapper au groupe qui a arrêté le Seigneur. La douce voix du Christ invisible l'informe là que la multitude aveuglée en bas avait torturé une simple forme corporelle qu'ils prenaient pour le Christ, "pendant que je restais là et que je riais". Dans l' *Évangile de Pierre,* Jésus a été suspendu à la croix « comme quelqu'un qui ne ressent aucune douleur » et a été « relevé » avant la fin.

[29] Voir la note de bas de page 28.

[30] Quelques passages incompatibles avec cela se trouvent dans le corps de l'Évangile. Comme celle de l'appendice (xxi, 22), ce sont des modifications ultérieures d'une doctrine trop hellénique pour la majorité.

[31] Les lettres personnelles formaient un groupe distinct. Deux lettres adressées à la même église (1er Cor., 2e Cor.) étaient comptées pour une. Marcion (140) en comptait dix en tout, et avait un ordre différent.

[32] Une erreur de décompte pour « quatrième », à moins que nous ignorions xx. 11-18, ou bien (avec Wellhausen) considérons xx. 24-29 une insertion postérieure à l'épilogue.

[33] L'ajout au ver. 10 *a* et le pluriel « ils » au ver. 11, ne sont que de simples adaptations éditoriales de l'histoire de Mark i . 16-20.

[34] Nous devons conclure que ces *deux* données de la tradition synoptique, la négation (XIII. 36-38 ; XVIII. 15-18, 25-27) *et* la restauration (ch. XXI.) sont des suppléments à la forme originale du Gospel.

[35] Le *Muratorianum* fonde son récit légendaire de l'écriture du Quatrième
évangile par « Jean » avec l'approbation de « ses condisciples et évêques » sur
Jean XXI. 24.

[36] La mort prématurée de Jacques, fils de Zébédée (Actes XII, 1), l'exclut
de toute considération.

BIBLIOGRAPHIE

1. Introductions générales à la littérature NT.

MOFFATT, JAS. Série *" Internat. Theol. Bibliothèque"*. Scribner's, 1911. Standard, complet, progressif. Meilleur recueil du sujet en anglais. Un livre pour les experts. 671 p., 8vo.

JÜLICHER , A. Engl. trad , par DA Ward, de la 4e éd. Londres, Smith, Elder & Co., 1903. La plus utile des introductions allemandes modernes, basée sur l'ouvrage standard de l'école « libérale », par HJ Holtzmann . 650 pp., grand in-8.

ZAHN, THÉO. Anglais. trad. de la 3e édition allemande, par MW Jacobus. Scribner's, 1909. Ouvrage « conservateur » standard. Immense érudition dans le domaine de l'apologétique. Total, 1750 pp., en 3 vol., grand in-8.

BACON, PC *Série "Nouveau test. Manuel"*. Macmillan 1900. Semblable à celui de Moffatt en termes de point de vue, mais sans étude de la littérature. Pour les lecteurs moins avancés techniquement. 300 pp., petit 8vo.

PEAKE, AS NY, Scribner's, 1910. 250 pages, 12 mois. Une excellente introduction au sujet, généralement conservateur.

2. Traitements critiques de la littérature paulinienne.

SHAW, RD *Les épîtres pauliniennes, introductives et explicatives Études* , 2e éd. T. & T. Clarke, 1904. 518 pages, grand 8vo. Sobre et prudent. Pour les lecteurs généraux.

RAMSAY, WM *Pauline et autres études paléochrétiennes Histoire*. Hodder & Stoughton, 1906. 425 pages, grand 8vo. *Les villes de Saint-Paul* (1907, 468 pp.) est du même auteur, éminent géographe et archéologue ardemment enrôlé contre la critique allemande. Intéressant mais diffus.

PFLEIDERER , O. *Paulinisme*. Anglais. trad. par E. Peters. 2e éd. 1891. Williams et Norgate. 2 vol. 8vo. Total, 580 pages, 8vo. Encore une exposition standard du système de pensée de Paul. Un livre pour les experts.

BAUR, FC *Paul, Apôtre de Jésus-Christ, sa vie et son œuvre, Épîtres et doctrine*. Anglais. trad. de Zeller (2e), éd. allemand, par A. Menzies. Williams & Norgate, 1876. Deux vols. 8vo (375 + 350 pp.). Un livre qui fait époque, point de départ de la critique moderne.

SCHWEITZER, A. Ce critique compétent, quoique unilatéral, a déjà publié (1912) la conclusion de son étude sur les vies modernes du Christ (voir ci-dessous, *La quête du Jésus historique*) sous le titre *Geschichte der Paulinischen . Forschung* . On peut s'attendre à ce que cette étude complète et cette critique approfondie de la littérature d'étude paulinienne soient bientôt rendues accessibles au lecteur anglais.

WREDE, W. *Paul.* Anglais. trad. par E. Lummis. P. Green, Londres, 1907. 190 pp., 12mo. Un sketch bref, brillant, populaire, radical, suggestif. A besoin d'un équilibre entre des critiques plus prudentes.

WEISS, J. *Paul et Jésus.* Anglais. trad. par HJ Chaytor . Londres et New York, Harper & Bros., 1909. 130 pp., 12mo. Une réponse efficace à la vision de Wrede selon laquelle Paul est le véritable créateur du christianisme, par un critique progressiste et compétent.

Les vies de Paul by Cone, Clemen (allemand) et d'autres abondent ces dernières années. Voir les *Encyclopédies* et *Dictionnaires du Bible* , sv "Paul".

3. Traitements critiques des Évangiles et Actes synoptiques.

STANTON, VH *Les Évangiles comme documents historiques* , parties I et II. La Presse de l'Universite de Cambridge, 1903-1909. 297 + 400 pp., 8vo. Une étude standard de la critique de l'Évangile d'un point de vue conservateur, l'œuvre d'un érudit pour des érudits.

CÔNE, O. *Critique de l'Évangile et christianisme historique.* Putnam's, NY, 1891. 375 pages, petit 8vo. Libéral, semi-populaire.

BURKITT, FC *Les premières sources de la vie de Jésus.* Houghton & Mifflin, Boston et New York, 1910. 130 pp., 12mo. Simple et populaire. Burkitt est un éminent chercheur progressiste.

4. Les écrits johanniques.

DRUMMOND, JAS. *Caractère et paternité du quatrième évangile.* Scribner's, NY, 1904. 544 pages, 8vo. La défense récente la plus compétente de la paternité traditionnelle. Discussion scientifique sur l'histoire littéraire.

BACON, PC *Le quatrième évangile dans la recherche et le débat.* Moffat, Yard & Co., NY, 1910. 556 pages, 8vo. Une discussion similaire sur les preuves aboutissant à la conclusion inverse.

SCOTT, EF *Le quatrième évangile, son but et sa théologie.* T. & T. Clarke, Édimbourg, 1906. 386 pages, 8vo. Admirable de caractère, lucide de style, semi-populaire.

SCHMIEDEL , PW *Les écrits johanniques.* Anglais. trad., par MA Canney . Londres, A. & C. Black, 1903. 295 pages, 12 mois. Bref, populaire, radical, par l'un des critiques les plus compétents du NT.

Général.

REUSS, E. *Histoire du NT* Engl. trad. de la 5e édition allemande, par EL Houghton. Boston, Houghton, Mifflin & Co., 1884. 649 p. 2 vol. grand 8vo. Un trésor standard d'informations scientifiques.

WERNLE , P. *Les débuts du christianisme.* Anglais. trad., par GA Bienemann. Londres, Williams & Norgate, 1904. 388 + 404 pages, 8vo. 2 vol. Capable, érudit, avancé.

PFLEIDERER , O. *Origines chrétiennes.* Anglais. trad., par D. Huebsch . New York, BW Huebsch , 1906. 295 pp., 12mo. Conférences populaires montrant quelque chose des points de vue de l'école moderne de critiques connue sous le nom de *religionsgeschichtlich* . Les opinions critiques de Pfleiderer sont pleinement exprimées dans son *Primitive Christianity* (traduction anglaise, par W. Montgomery, en quatre vols., 8vo. Putnams , 1909).

MUZZEY, DS *L'essor du NT* New York, Macmillan, 1900. 156 pp., 12mo. Une excellente introduction pour les débutants.

WREDE, W. *L'origine du NT* Engl. trad. par JS Hill. Harper & Bros., Londres et New York, 1909. 151 pages, 12 mois. Une admirable introduction par un brillant leader de la critique avancée.

VON SODEN . *L'histoire de la littérature paléochrétienne. Écrits de le NT* Engl. trad., par JR Wilkinson. Williams & Norgate, 1906. 476 pages, 12 mois. Un livre pour débutants rédigé par un grand spécialiste du NT aux vues libérales. Un domaine étroitement lié est couvert par diverses *Histoires de l'époque apostolique* , dont les plus récentes et les plus importantes sont celles de Weizsäcker (traduction anglaise, 1895) et de McGiffert (1897). Moins techniques et plus orthodoxes sont ceux de Vernon-Bartlett (1899) et de JH Ropes (1906). *Critique Les Vies du Christ* présentent les résultats d'une étude critique des Évangiles. Une étude de ce domaine de recherche, profondément analytique et sévèrement critique, est donnée par A. Schweitzer dans *The Quest of the Jésus historique* (traduction anglaise par W. Montgomery. A. & C. Black, 1910. 416 pp., 8vo). Schweitzer écrit avec beaucoup d'érudition et de puissance, mais il s'intéresse résolument à la polémique en tant qu'« eschatologue cohérent ».

www.ingramcontent.com/pod-product-compliance
Lightning Source LLC
LaVergne TN
LVHW042157190726
843493LV00006B/1710